지은이 | **노르베르트 엘리아스Norbert Elias**

1897년에 브레슬라우에서 태어난 독일의 유대계 사회학자. 브레슬라우 대학에서 철학과 의학을 공부했고, 1924년 신칸트학파 철학자 리하르트 회니히스발트를 지도교수로 하여 박사학위 논문으로 「이념과 개인Idee und Individuum」을 발표했다. 1925년 엘리아스는 당시 사회과학과 철학의 중심지였던 하이델베르크 대학으로 가서 사회학 공부를 시작했다. 처음에 저명한 경제학자이자 문화사회학자인 알프레트 베버 밑에서 근대 과학의 발달에 관해 연구했으나, 1930년 이를 포기하고 친구였던 젊은 교수 카를 만하임을 따라 프랑크푸르트 대학에서 그의 조교가 되었다. 엘리아스는 이곳에서 교수자격청구 논문으로 「궁정사회Die höfische Gesellschaft」를 집필하기 시작했으나, 1933년 나치 집권으로 만하임의 사회학연구소가 문을 닫으면서 엘리아스도 파리로 도피했다. 1935년 다시 영국으로 망명한 엘리아스는 대작 『문명화 과정*Über den Prozeß der Zivilisation*』을 써서 1939년에 출판했다. 이후 케임브리지에 머물며 여러 곳에서 강의하면서 집단심리치료 공부도 했다. 1954년 레스터 대학에 전임강사로 임용되었고 1962년 정년퇴임 때까지 이곳에서 8년간 강의했다.

일부 사회학자와 역사학자 사이에서만 회자되던 『문명화 과정』이 1969년 재출간되면서 엘리아스는 뒤늦게 세계적 명성을 얻었고, 현대 사회학계의 거장으로 확고히 자리매김했다. 1977년에 '아도르노 상'을, 1987년엔 '사회학 및 사회과학 부문 유럽 아말피 상'을 수상했다. 그 밖에 『사회학이란 무엇인가?*Was ist Soziologie?*』(1970), 『죽어가는 자의 고독*Über die Einsamkeit der Sterbenden in unseren Tagen*』(1982), 『인간의 조건*Humana conditio*』(1985), 『개인의 사회*Die Gesellschaft der Individuen*』(1987) 등의 저술을 남겼다.

1990년 8월 1일, 암스테르담의 자택에서 세상을 떠났다.

옮긴이 | **김수정**

서울대학교 사회학과를 졸업하고 동대학원에서 복지국가 가족지원정책에 대한 비교연구로 박사학위를 받았다. 현재 동아대학교 사회복지학과 교수로 재직하면서 사회정책, 복지국가론, 사회복지역사 등을 강의하고 있다. 복지국가 비교, 한국 여성 및 노인 가구의 빈곤 및 불평등에 대한 논문을 썼고, 『미디어 문화』, 『카오스의 아이들』(이상 공역) 등을 우리말로 옮겼다.

죽어가는 자의 고독

문학동네
인문 라이브러리
5

죽어가는 자의 고독

노르베르트 엘리아스 ¦ 지음
김수정 ¦ 옮김

문학동네

차례

일러두기

1 이 책은 노르베르트 엘리아스의 *Über die Einsamkeit der Sterbenden* (Suhrkamp Verlag, 1982)을 번역한 것이다. 이 책 부록 「노화와 죽음」은 본서의 영어판 *The Loneliness of the Dying*(Basil blackwell, 1985)에 실린 저자 후기를 번역하여 덧붙였다.

2 옮긴이 주는 〔 〕 속에 넣어 본문에 삽입했다.

3 단행본과 정기간행물은 『 』로, 논문 등은 「 」로 표시했다.

1

사람은 죽기 마련이라는 사실, 사랑하는 사람마저도 죽을 수밖에 없다는 사실에 대처하는 몇 가지 방법이 있다. 우선 우리가 죽음이라고 부르는 삶의 종말은 하데스Hades〔그리스 신화에 나오는 죽은 자의 영혼이 있는 하계, 명부〕나 발할라Valhalla〔튜튼 신화에 나오는 오딘Odin 신의 전당으로, 전사한 영웅들의 혼이 깃들인다고 전해진다〕, 지옥이나 천국과 같은 내생의 관념을 통해 신화화될 수 있다. 이것은 인생의 유한성에 대처하려는 인간들의 노력 중에서 가장 오래되고 가장 보편적인 형식이다. 또 우리는 죽음을 가능한 한 우리 자신에게서 멀리 떼어놓음으로써—그리 달갑지 않은 죽음에 대한 생각을 숨기거나 억압함으로써—, 혹은 나 자신만은 영원히 살 것이라는 굳은 믿음을 고수함으로써—'다른 사람은 죽는다, 그러나 나는 안 죽는다'는 식으로—죽음에 대한 사고를 회피할 수 있다. 오늘날 선진 사회에서는 이러한 사고 경향이 강력하게 존재한다. 마지막으로, 죽음을 사실로, 즉 우리 자신의 실존과 관련된 일종의 사실로 볼 수도 있다. 우리는 자신의 삶을, 특히 다른 이들에 대한 우리의 행위를 삶의 유한성에 맞출 수도 있다. 다시 말해 삶을 끝맺는 것을 과제로 삼으면서, 때가 되어 사람들로부터 떠나가야 할 때, 우리 자신과 다른 사람들에게 그 이별이 될 수 있는 한 쉽고도 편안하게 이루어지는 것을 중요하게 생각할 수 있다. 이 경우 이 과제를 어떻게 실행할 것인가라는 문제가 제기된다. 현재 여러 의사들이 분명한 방식으로 이런 질문을 제기하고 있다. 그러나 보다 넓은 사회적 맥락에서 이 문제는 거의 제기되지 못했다.

이 문제는 단지 실제로 삶을 마치는 것, 사망증명서와 묘지의 문제는 아닐 것이다. 많은 사람들이 천천히 죽어간다. 즉 많은 이들이 병약해지고 노쇠한다. 물론 임종하는 마지막 순간이 중요하기는 하다. 그러나 사람들과의 이별은 그보다 훨씬 일찍 시작된다. 종종 노쇠는 그 병약함으로 인해 삶과 다른 것으로 생각되기도 한다. 서서히 쇠락해간다는 사실이 그 사람들을 삶으로부터 격리시키는 것이다. 그런 사람들은 점차 사람들과 잘 어울리지도 못하고 쓸쓸하게 느끼면서 여전히 사람들이 주위에 남아 있기를 바란다. 그것이 가장 힘든 것이다. 즉 살아 있는 사람들의 공동체에서 나이 든 사람, 죽어가는 사람들이 암묵적으로 분리되는 것, 친한 사람들과의 관계가 점차 차가워지는 것, 일반적으로 그들에게 삶의 의미와 안온함을 주었던 사람들로부터 멀어지는 것, 이것이 가장 힘든 일이다. 말년은 고통 속에서 병마와 싸우는 사람들뿐 아니라 혼자 남겨진 사람들에게도 가혹한 시간이다. 의도한 것은 아니더라도 특히 선진 사회에서 빈번하게 죽음의 때 이른 격리가 일어난다는 사실은 이 사회가 얼마나 취약한지를 보여준다. 그리고 이 점은 많은 사람들이 노화, 죽음의 문제를 자신의 일로 받아들이기 어려워한다는 사실과 관련이 있다.

물론 옛날과 비교했을 때 노화, 죽음을 자신의 일로 받아들이는 정도는 커졌다. 사람들이 교수형에 처해지고, 사지가 찢기며 바퀴 밑에서 부서지는 것이 인기 있는 주말 특집 쇼처럼 행해지던 시절이 있었다. 이제 우리는 더이상 그러한 것을 구경거리로 생각하지 않는다. 사람들은 축구 경기를 보지, 검투사의 시합을 관람하지 않는다. 옛날에 비해서 우리가 다른 사람들과 동일시하는 정도, 그들의 고통과 죽음을 공유하는 정도는 증가했다고 볼 수 있다. 로마의 귀족들이나 평민들이 즐겼던, 굶주린 사자와 호랑이가 산 사람을 갈가리 뜯어먹는 장면, 혹은 검투사가 간계와 술수로 서로를 찌르고 죽이는 것은 더이상 오락거리가 되지 못한다. 예전에는 피로 얼룩진 경기장에서 생명을 걸고 싸우는 사람들과 그것을 관람하는 사람들 사이에 어떤 공감도 없었던 것처럼 보인다. 검투사들이 행진하면서 황제에게 "죽으러 가는 자들이 황제께 인사드립니다"[1]라고 예를 표했던 것은 유명한 사실이다. 어떤 황제들은 자신들이 실제로 신과 같은 불멸의 존재라고 믿었다. 어쨌든 검투사들이 "죽으러 가는 자들이 앞으로 죽을 이에게 인사드립니다"[2]라고 외치는 것보다는 듣기에 나았을 것이다. 그러나 그 말을 할 수 있으려면 검투사도 황제도 없는 사회여야 할 것이다. 통치자에게 그 말을 하기 위해서는—오늘날에도 일부 통치자들은 수많은 사람들의 생사를 결정하는 권력을 휘두르는데—죽음에 대한 지금까지의 관념보다 훨씬 더 광범위하게 죽음에 대한 탈신비화가 있어야 하고, 인간은 필멸의 존재이며 어차피 다른 사람들의 도움에 기댈 수밖에 없다는 사실을 더욱 분명하게 인식해야 한다. 살아 있는 사람들은 죽어가는 사람들과 자신을 동일시하기가 어렵다는 점에서 죽음이라는 사회적 문제는 해결하기 어려운 문제이다.

죽음은 살아 있는 사람의 문제이다. 죽은 사람에게는 더 이상 문제가 되지 않는다. 지구상 많은 필멸의 피조물 중에서 죽음이 문제가 되는 것은 인간 존재뿐이다. 인간은 동물과 마찬가지로 생로병사의 존재이다. 그러나 모든 생명 중에서 인간만이 자신이 죽을 것이라는 점을 알고 있다. 인간만이 자신의 종말을 예견하고 어쨌든 그 순간이 닥쳐올 것이라고 인식하며, 생명의 종말이라는 위험에 대해 자신을 보호하기 위해—개인적으로 또 집단적으로—각별한 주의를 기울인다.

수천 년 동안, 이것은 부족 혹은 국가와 같은 인간 집단의 중심적 기능이었으며, 오늘날에도 주요한 기능으로 남아 있다. 그러나 인간 존재에 대한 가장 큰 위협은 인간이다. 파멸의 위험에서 스스로를 보호한다는 명분하에 어떤 사람들은 거듭 다른 집단을 파멸시키려 한다. 오랜 옛날부터 인간 사회는 야누스의 얼굴을 가지고 있었다. 즉 인간 사회는 내부적으로는 폭력을 평정하면서도 외부에 대해서는 계속 위협을 가해왔다. 사회가 개체의 생존에 중요하다는 점은 다른 종에서도 발견된다. 개체는 집단을 구성하고 집단생활은 존재의 영속성을 부여하며, 개체는 이 집단에 적응한다. 그러나 집단생활 적응은 대부분 유전적으로 결정된 행위 형식, 혹은 기껏해야 본능적 행위를 약간 변형시킨 학습된 행위에 기초한다. 인간의 경우, 집단생활의 학습적·비학습적 적응 간의 비율 배분은 전도되었다. 다른 사람과 더불어 사는 삶에 본능적으로 적응하는 경향은 학습을 통해—예를 들면 언어 학습을 통해 말을 배우는 것—작동한다. 인간은 집단 특수적인 규제 및 규칙에 의해 서로의 행동을 규제하는 것을 학습할 수 있고 또 학습해야 한다. 학습이 없다면 인간은 개인, 그리고 집단 구성원으로서 행동할 수 없다. 집단생활 적응이 인간 존재처럼 개체의 형식과 발전에 심대한 영향을 끼치는 종은 없다. 의사소통의 수단 혹은 규제의 유형들뿐 아니라 죽음의 체험 역시 사회에 따라 차이가 난다. 그것은 집단에 따라 특수하므로 다양하게 나타난다. 각 특수 사회의 구성원에게 아무리 자연스럽고 불변의 것으로 보인다고 할지라도 그것은 학습된 것일 따름이다.

인간에게 문제가 되는 것은 실제로 죽는다는 사실이 아니라 인간만이 죽음에 대한 지식을 가지고 있다는 점이다. 우리는 특히 이 점에 주의해야 할 것이다. 즉 인간의 손에 붙들린 파리는 살인자의 손아귀에 있는 사람처럼 마치 자신이 처한 위험을 알고 있는 양 파들거린다. 그러나 생사의 위기에 처한 파리의 방어적 행동은 그 종이 가지고 있는 학습되지 않은 천성이다. 어미 원숭이는 새끼가 죽었는데도 어느 곳에선가 새끼를 떨어뜨려 잃어버릴 때까지 품고 다니는 경우도 있다. 이 경우 어미 원숭이는 자신의 새끼 혹은 새끼의 죽음에 대해 아무것도 알지 못한다. 그러나 인간은 죽음에 대해 알고 있기에 죽음이 문제가 되는 것이다.

2

죽음의 본질이 무엇인가에 대한 해답은 사회가 발전하면서 변화한다. 즉 그것은 단계마다 다르다. 한 단계 내에서도 집단에 따라 차이가 나기도 한다. 죽음의 관념과 장례의례 자체는 사회화의 한 측면이다. 공통의 관념과 의례는 사람들을 통합한다. 관념과 의례상의 차이는 집단을 구분한다. 수세기 동안 죽음이라는 문제와 그 끝없는 삶의 위협에 대처하기 위해 사람들이 고수해온 수많은 믿음을 조사해보는 것도 의미 있는 일일 것이다. 그와 동시에 죽음이 영원한 종말이 아니며 장례가 영생을 보장할 것이라고 믿고 서로가 서로에게 행했던 것을 설명해보는 것도 의미 있는 일이다. 그러한 믿음이 무엇이든, 또 아무리 괴상한 것일지라도 언젠가 자신이 존재하지 않게 될 것이라는 지식에 위안을 준다면 사람들은 그것을 위해 열렬히 헌신할 것이다.

분명 선진 사회의 사람들은 더이상 초자연적인 힘에 대한 믿음과 의례가 현세의 삶 이후의 영생을 보장할 것이라고 고집하지 않는다. 중세에 종교적 소수파에 속했던 사람들은 종종 불과 검으로 처형되었다. 13세기 프랑스 남부 지역의 알비파에 대한 종교적 정벌에서 강력한 신앙 공동체는 약한 신앙 공동체를 괴멸시켜버렸다. 패배한 집단의 구성원들은 낙인찍히고 자신들이 살던 집에서 쫓겨났으며 수많은 사람들이 화형에 처해졌다. 승자 쪽의 한 사람은 “기쁜 마음으로 우리는 그들이 불타 죽는 것을 보았다”라고 회고했다. 여기서 인간과 인간 간의 동일시 감정은 어디서도 찾아볼 수 없다.

신앙과 의례가 그들을 갈라놓았던 것이다. 종교재판은 추방, 투옥, 고문, 화형으로 다른 신앙을 가진 사람들에 대한 십자군 전쟁을 수행했다. 근대 초기 종교전쟁의 실상은 새삼 거론할 필요도 없겠다. 오늘날에도 그 여파는 아일랜드 같은 곳에 남아 있다. 최근 이란에서 벌어진 성직자와 세속적 지도자 간의 투쟁 역시 중세 사회에서 죽음으로부터의 구원과 영생을 약속한 초자연적 신앙 체계가 가졌던 위력, 그 격렬한 공동체 의식과 적의를 상기시킨다.

앞서도 언급했듯이, 현재 선진 사회에서 초자연적 믿음의 체계에 기대어 위험과 죽음에 대한 구원을 찾으려는 시도는 예전에 비해 훨씬 더 차분해진 편이다. 그것은 어느 정도 그 기초를 세속적 신앙 체계로 이전했다. 중세 사회와 비교했을 때 삶의 불안정성 앞에서 믿고 의지할 만한 것을 구하려는 욕구는 최근 몇 세기 동안 현격히 줄어들었으며, 이 사실은 우리가 문명 발전의 상이한 단계에 있음을 반영한다. 보다 높은 문명화 단계에 있는 국가에서는 질병과 갑작스러운 죽음과 같은 가혹한 운명의 힘으로부터 사람들을 안전하게 보호하는 역량이 이전 시기에 비해 훨씬 커졌다. 어쩌면 역사상 어느 단계보다도 커졌다고 할 수 있다. 선진 사회에서 삶은 예측 가능해졌다. 그리고 그 삶은 미래에 대한 상당한 정도의 예견과 열정의 통제를 개인에게 요구한다. 이러한 사회에서 상대적으로 긴 기대 수명은 안전성의 정도가 증가했음을 반영한다. 13세기에 기사들은 40세 정도면 거의 노인으로 취급받았다. 20세기 산업사회에서 그 정도 나이라면 계급에 따라 차이는 있겠지만 아직 젊은 축에 속한다. 20세기 들어오면서 질병의 예방과 치료는 그 어느 때보다도 잘 조직화되었다. 옛날 사람들이 상상도 못할 정도로 사회의 내적 평정Pazifizierung은 절정에 도달했으며, 개인은 국가의 재가를 받지 않은 어떤 폭력—여기에는 기아도 포함된다—으로부터도 보호된다.

물론 자세히 살펴보면 아직도 물리적 폭력으로부터 개인의 안전성 보장이 매우 취약하다는 점을 알 수 있다. 전쟁을 통해 문제를 해결하려는 경향이 상존하며, 이것은 개인들의 삶에 지속적인 위협이 되고 있다. 예측할 수 없는 물리적 위험과 실존에 대한 위협이 매우 증가했으며, 이것은 이전 시기와의 비교 속에서, 그리고 장기적인 시각에서 바라보았을 때만 분명히 파악할 수 있다. 운명의 힘으로부터, 무엇보다도 개인의 삶에 닥쳐오는 불가항력의 힘으로부터 형이상학적 보호를 약속하는 초세속적 신앙에의 집착은 삶이 가장 불안정하고 스스로 통제하기에는 너무도 벅찬 삶을 살아가는 계급과 집단 속에서 가장 열정적으로 나타난다. 그러나 대개의 경우 선진 사회에서 사람들을 위협하는 위험, 특히 죽음이라는 위험은 훨씬 더 예측 가능해졌고 자신을 수호하는 초자연적 힘에 대한 필요는 보다 온건한 형태를 띠게 되었다. 그러나 사회적 불안이 증가하고 장래 상당한 정도의 시간에 대해 자신의 운명을 예측하고 어느 정도 통제하는 능력이 줄어든다면, 이러한 필요가 다시 증가할 것이라는 점에는 의심의 여지가 없다.

우리 사회가 가지고 있는 죽음에 대한 태도와 죽음에 대한 이미지를 이해하기 위해서는 이 같은 개인들 삶의 상대적 안정성과 예측 가능성, 그리고 기대 수명의 증가라는 사실을 반드시 고려해야 한다. 삶은 점차 길어지고 죽음은 한참 연기되었다. 죽음의 장면이나 시체는 이제 흔하게 볼 수 없는 것이 되었다. 정상적인 삶의 도정에 있다면 죽음을 망각하고 살기 쉽다. 때로 사람들은 죽음이 '배제되었다'고 말한다. 최근 미국의 한 장례업자는 다음과 같이 말했다. "오늘날 죽음에 대한 태도에 대해 말하자면, 말년이 되어서야 사람들이 장례식 계획(만약 그러한 것을 하게 된다면)을 하게 된 실정입니다."[3]

3

오늘날 죽음은 '배제되었다'고들 한다. 나는 이 용어가 이중의 의미에서 사용되고 있다고 생각한다. '배제'는 개인적 수준의 배제와 사회적 수준의 배제 모두를 의미할 수 있다. 전자의 경우, 배제라는 용어는 프로이트가 사용한 것과 같은 의미에서 사용된다. 그것은 사회적으로 주입된 심리학적 방어기제를 통칭하며, 이 방어 기제는 어린 시절의 매우 고통스러운 기억, 특히 아주 어렸을 때의 심리적 갈등과 그에 결부된 죄의식, 불안 등의 의식에 접근할 수 없도록 만든다. 그것들은 간접적이고 위장된 방식으로 한 인간의 감정과 행위에 영향을 미치지만 기억 속에서는 지워진다.

어린 시절의 경험과 환상은 한 인간이 죽음에 근접해 있을 때 그 사실에 대처하는 방식에도 상당한 영향을 미친다. 어떤 사람들은 죽음을 평온하게 기다린다. 다른 이들은 죽음에 대한 강하고도 지속적인 공포를 가지고 살아가며 그 공포를 표현하지 않거나 표현할 수 없는 경우도 흔하게 볼 수 있다. 그들이 죽음을 감지하는 것은 아마도 고소공포증이나 광장공포증의 형태뿐일 것이다. 죽음과 관련된 어린 시절의 강한 불안에 직접 맞서지 않고서도 그것을 견딜 만한 것으로 만드는 일반적인 방식은 자신이 불멸의 존재라고 상상하는 것이다. 여기에는 다양한 형태가 있다. 나는 죽어가는 사람과는 어떤 관계도 맺을 수 없는 사람들을 알고 있는데, 왜냐하면 그들이 가지고 있는 불멸성의 환상, 압도적인 유아기적 공포를 묶어놓고 있는 그 환상이 죽음에 가까이 갔을 경우 놀라울 정도로 약해지기 때문이다. 이같이 불멸성의 환상이 약해지는 경우, 죽음 또는 처벌에 대한 강한 공포는 의식 속에 적나라한 상태로 들어오고 그것은 그들에게 견디기 힘든 것이 된다.

여기서 우리는 극단적인 형태 속에서 우리 시대가 안고 있는 일반적인 문제 중 하나를 발견할 수 있다. 그것은 우리가 죽어가는 이들에게, 그들이 다른 인간 존재로부터 떠나갈 때 절실히 필요로 하는 도움과 사랑을 줄 수 없다는 점이다. 단지 그들의 죽음이 우리의 죽음을 상기시킨다는 이유로 죽어가는 이들을 멀리하는 것이다. 죽어가는 사람의 모습을 보는 것은 나 자신의 죽음이라는 관념에 대해 방벽처럼 막아놓았던 방어적 환상을 흔들어놓는다. 자기애Selbstliebe는 너만은 죽지 않을 것이라고 속삭인다. 죽어가는 사람과 너무 가까이 접촉하면 우리의 소망적 환상은 깨질 위험이 있다. 자신은 죽지 않을 것이라고 믿고 싶은, 그럼으로써 자신의 죽음에 대한 예감을 부인하려는 그 압도적인 요구의 배후에는 대개 억압된 강한 죄의식이 존재한다. 아마도 그것은 아버지, 어머니 혹은 형제들이 죽기 바라는 소망과 관련되며, 그와 동시에 자신이 죽기를 그들이 바랄 것이라는 생각과 연관되어 있을 것이다. 이 경우 가족들이 죽었으면 하는 소망Todeswünschen을 둘러싸고 있는 죄불안Schuldangst에서 탈출하는, 그리고 그들이 복수할 것이라는 관념, 자신의 죄에 대한 처벌의 공포에서 탈출하는 유일한 방법은 자신의 불멸성을 철저히 믿는 것이다. 이 믿음이 허망하다는 것을 부분적으로 인식하고 있다고 할지라도 사정은 달라지지 않는다.

죽음의 공포와 죄의식의 결합은 아주 오랜 옛 신화에서도 발견된다. 낙원에서 아담과 이브는 영생의 존재였다. 유일한 남성이었던 아담이 신성한 아버지의 명령을 어겼기 때문에 신은 그들을 죽는 존재로 만든다. 죽음이 아버지 혹은 어머니에 의해 여성과 남성에게 부과된 처벌이라는 생각, 혹은 자신들이 지은 죄로 인해 사후에 신으로부터 처벌받을 것이라는 느낌은 오랫동안 인간의 죽음에 대한 공포에서 결코 적지 않은 부분을 차지했다. 이 억압된 죄의식, 환상을 완화하거나 없앨 수 있다면 많은 사람들이 죽음에 대한 부담을 덜 것이다.

그러나 개인적 수준에서 죽음의 관념을 배제하는 문제 외에도 특별히 사회적 배제의 문제가 존재한다. 사회적 수준에서 죽음의 배제라는 개념은 다른 의미를 띤다. 그러나 오늘날의 사회에 만연한 죽음에 대한 태도의 특수성을 이해하기 위해서는 이 행위가 이전 시기 혹은 다른 사회와 어떤 차이가 있는지를 비교해야 한다. 이같이 폭넓은 이론틀 속에 위치시킴으로써만 행위의 변화는 관찰 가능한 것, 접근 가능한 것으로 나타나고 또 설명될 수 있다. 단도직입적으로 말해, 이러한 의미에서 죽음의 '배제'라는 말과 관련된 사회적 행위의 변화는 내가 다른 곳에서 보다 자세히 검토했던 포괄적인 문명화 과정의 한 측면이다.[4] 개인에게나 공동체에게나 거의 예외 없이 위험이 되었던 인간 생활의 모든 원초적이고 동물적인 측면들은 문명화 과정에서 사회적 규칙과 양심에 의해 이전 시기보다 안정되고 포괄적인 방식으로 그리고 보다 세분화된 방식으로 통제된다. 권력관계가 변화함에 따라 인간 삶의 동물적 측면은 수치, 혐오 혹은 당혹감 등과 연결되고, 이집트의 문명화 과정에서 볼 수 있듯이 무대 뒤로 사라지거나 공적 사회생활에서 아예 제거되기도 한다. 죽음에 대한 사람들의 행동에 나타나는 장기적 변화는 이와 동일한 방향을 따른다. 죽음은 인간 생활에서 가장 큰 생물적·사회적 위험이다. 다른 동물적 측면과 마찬가지로 문명화 과정에서 죽음, 일종의 과정으로서든 기억 이미지로서든 죽음은 점차 사회생활의 무대 뒤로 쫓겨난다. 죽어가는 당사자들의 입장에서 본다면 이것은 그들 역시 점차 뒷전으로 밀려나고 소외된다는 것을 의미한다.

4

필리프 아리에스Philippe Ariès는 『중세부터 현대까지 서구 죽음의 역사*Essais sur l'histoire de la mort en Occident du Moyen Age à nos jours*』라는 매우 뛰어나고도 훌륭하게 고증된 저서에서 서구인의 죽음에 대한 태도와 행위의 변천 과정을 생생하게 그려낸다. 그러나 아리에스는 역사를 순전히 기술記述의 차원에서 이해하고 있다. 그는 이미지를 하나하나 짜맞추어 넓은 범위에서 전체적인 변화를 보여준다. 이것은 훌륭하고 매우 시사적인 연구이지만 아무것도 설명해주지 않는다. 아리에스가 사실을 취사선택한 것은 이미 염두에 두고 있었던 자신의 견해에 기초한 것이었다. 그는 옛날 사람들이 평온하고 고요하게 죽었다는 자신의 생각을 전달하려고 한다. 사정이 달라진 것은 오늘날에 와서야 그러하다고 그는 주장한다. 일종의 낭만주의적 정서 속에서 아리에스는 좋았던 과거의 이름으로 현재의 나쁜 상황을 불신의 눈으로 보고 있다. 그의 책에는 역사적 증거들이 많이 존재하지만 증거들을 선택하고 해석하는 방식에 대해서는 좀더 신중하게 접근할 필요가 있다. 그는 『원탁의 기사*Romans de la Table Ronde*』에 나오는 이졸데와 대주교 터핀의 예를 중세 기사들이 침착하게 죽음을 기다렸다는 증거로 제시하는데, 그 해석에는 문제가 있다. 이러한 중세의 서사시들이 중세 사회를 이상화하고, 현실보다는 시인이나 그의 청중들이 바라는 바의 당위에 대해 말하고 있다는 점, 요컨대 그 시대 사람들이 가지고 있었던 선택적·소망적 이미지라는 점을 지적하지 않고 있다. 아리에스가 사용하는 다른 문헌적 증거를 받아들이는 데도 신중함이 요구된다. 그의 결론은 선택적이며 편중되어 있음이 드러난다.

> 사람들은 수세기 혹은 수천 년 동안 이처럼(즉 고요하게) 죽음을 맞이했다. ……죽음에 대해 친숙하고 친근하며 부드럽고 무관심했던 이러한 옛날의 태도는 오늘날과는 판이하게 다르다. 우리 시대에 죽음은 감히 입에 올릴 수 없을 정도로 공포를 불러일으킨다. 이것이 바로 내가 그 친숙한 죽음을 순치된 죽음이라고 부르는 이유이다. 이렇게 부른다고 해서 그 이전에는 죽음이 난폭했었다는 의미는 아니다. ……반대로 내가 말하고자 하는 바는 그것이 오늘날 난폭해졌다는 점이다.[5]

고도로 산업화된 민족국가의 삶과 비교한다면, 중세 봉건국가 시대의 삶은—그러한 유형의 국가가 현재도 존재하는 곳에서는 어디에나—격정적이고 폭력적이며, 따라서 짧고 불안정하고 난폭한 것이었다. 죽는다는 것은 견디기 힘든 고뇌와 고통의 과정일 것이다. 옛날 사람들은 이러한 고통을 덜 수 있는 방도를 가지고 있지 못했다. 오늘날이라고 해서 죽어가는 모든 이들에게 고통 없는 죽음을 보장해줄 정도로 의학이 충분히 발전한 것은 아니다. 그러나 현대 의학은 옛날이라면 끔찍한 고통 속에서 괴로운 죽음을 맞이해야 했을 수많은 사람들에게 보다 평온한 죽음을 가져다줄 만큼은 충분히 발전했다.

확실한 점은 죽음과 죽어가는 과정이 현재보다는 중세 시기에 더 공공연하고 빈번하게 말해졌다는 점이다. 이 시기의 대중문학을 살펴보면 이를 잘 알 수 있다. 수많은 시에 죽어가는 사람들 혹은 개인들의 죽음에 관한 언급이 나온다. 그중 한 작품을 예로 들면, 세 사람이 공동묘지를 지나갈 때 사자死者가 말을 건넨다. "현재 당신들의 모습이 예전 우리의 모습이었네. 현재 우리의 모습은 미래의 당신들 모습." 다른 시구에서는 삶과 죽음이 논쟁을 벌인다. 삶은 그녀의 자녀들을 죽음이 짓밟았다고 비난한다. 죽음은 그의 성공을 자랑스러워한다. 현재와 비교해볼 때, 그 당시의 죽음은 젊었든 늙었든 누구에게나 그리 감춰져 있지 않고 두루 퍼져 있는 현상이었고 훨씬 친숙했다. 그러나 죽음이 평화로웠다는 의미는 아니다. 그리고 죽음에 대한 공포의 사회적 수준이 중세 수세기 동안 일정하게 유지되었던 것도 아니다. 14세기에 죽음의 공포는 눈에 띄게 증가했다. 도시가 성장하고 전염병이 강력한 힘으로 전 유럽을 휩쓸었다. 사람들은 주변을 포위하고 있는 죽음에 대해 두려워했다. 성직자와 탁발승이 이 공포를 더 강화시켰다. 그 당시의 회화와 서적들에서는 죽음의 무도danse macabre라는 모티프가 등장했다. 과거에는 죽음이 평화로웠다고? 그것은 일면적인 역사적 관점이다! 여기서 환경오염과 핵무기의 위협이라는 오늘날의 맥락에서 죽음에 대한 공포의 사회적 수준과, 국가 단위의 내적 평정이 충분히 이루어지지 못한 상태에서 전염병이나 기타 질병을 통제할 수 없었던 문명 초기 단계의 사회적 공포 수준을 비교해보는 것도 흥미로운 주제가 될 것이다.

과거 죽어가는 사람에게 가끔은 위안이 되고 도움이 되었던 것은 다른 사람들이 곁에 있었다는 점이다. 그러나 중요한 것은 그들의 태도이다. 헨리 8세의 대법관이었던 토머스 모어Thomas More는 평생 경애하고 존경해 마지않았던 죽어가는 아버지의 침상에서 그를 안고 입맞춤을 했다고 전해진다.[6] 그러나 병상을 둘러싼 후손들이 죽어가는 노인을 조롱하고 비웃는 경우도 있었다. 그 광경은 옆에 있는 사람들의 성격에 따라 달라졌다. 사회 발전의 한 단계로서 중세는 매우 난폭한 시기였다. 폭력은 일상적이었고 갈등의 해결은 훨씬 더 가차 없는 방식으로 이루어졌으며, 전쟁이 일상이고 평화가 예외인 적도 있었다. 전염병이 유라시아 습지를 휩쓸 때 수많은 사람들이 아무런 도움도 위안도 없이 불결한 환경에서 고통스럽게 죽어갔다. 해를 걸러 돌아오는 흉작 탓에 가난한 사람들은 식량 부족으로 고생했다. 걸인과 장애인이 떼를 지어 다니는 모습은 중세 사회에서 흔하게 볼 수 있는 풍경이었다. 사람들은 어떤 때는 대단한 친절을 보이기도 했지만 그만큼이나 잔혹하게 다른 사람들의 고통에 기쁨을 감추지 않았고 남들의 불행에 완전히 무감각했다. 이러한 대비는 오늘날보다 훨씬 첨예했다. 사람들은 한쪽 극단에서는 그칠 줄 모르는 탐닉을 일삼으면서 또다른 극단에서는 원죄라는 막중한 짐을 지고 끝도 없는 자기 비하와 금욕주의 사이에 있었으며, 영주의 화려함과 가난한 사람들의 비참함 간에 극단적인 차이가 존재했다. 사후 처벌에 대한 공포, 영혼의 구원에 대한 염려는 종종 예고도 없이 부자이건 빈자이건 모두를 사로잡았다. 이에 대처하는 방식으로 군주는 교회와 수도원을 짓고, 가난한 사람들은 기도하고 회개했다.

내가 아는 한, 아리에스는 교회가 조장한 지옥의 공포에 대해서 거의 말하지 않았다. 그러나 중세 사람들이 사후 세계에 대해 어떠한 관념을 가지고 있었는지는 중세 회화를 통해 알 수 있다. 중세 말기에 세워진 이탈리아의 한 유명한 묘지—피사가 아니면 제노바에 있을 것이다〔1985년 영어판에서는 피사에 있는 것으로 확정하고 있다〕—의 그림을 예로 들어보자. 그 그림은 사후에 기다리고 있을 끔찍한 상황을 생생하게 보여준다. 천사는 구원받은 사람들을 인도해 영생의 낙원으로 데려가고 무시무시하게 생긴 악마는 지옥에 떨어진 사람들을 고문한다. 이렇게 끔찍한 장면이 눈앞에 어른거린다면 평화로운 죽음이란 결코 쉬운 일이 아니었을 것이다.

대체로 중세 사회에서 삶은 짧았고 지금과 비교할 때 위험은 통제 불가능했으며, 죽음은 고통스러웠고 사람들은 죄의식과 사후의 처벌에 대한 공포를 가지고 있었다는 것이 일반적인 견해이다. 어쨌든 한 개인이 죽어갈 때 다른 사람들이 곁에 있는 것은 매우 일반적인 현상이었다. 오늘날 우리는 특별한 경우 죽음의 고통을 완화시킬 수 있다. 죄불안은 완전무결하다시피 억압되었고 거의 해결되었다고 볼 수 있다. 종교단체들은 지옥의 공포를 통해 지배력을 구축할 수 없다. 그러나 한 개인의 죽음에 다른 사람들이 관여하는 정도도 줄어들었다. 문명화 과정의 여타 측면들과 마찬가지로 이 점에 있어서도 득실을 따지기가 쉽지 않다. 그러나 이것은 좋고 저것은 나쁘다는 흑백 논리, '좋았던 과거, 불행한 현재'라는 판단은 아무 소용이 없다. 문제는 과거는 어떠했고 왜 그랬으며, 현재는 왜 사정이 바뀌었는가이다. 이 질문들에 확실히 답할 수 있을 때에야 비로소 우리는 가치판단을 할 수 있다.

5

문명화의 전개 과정에 따라 사람들이 대처해야 하는 문제들은 달라진다. 그러나 그 문제들이 아무 구조도 없이 혼란스럽게 바뀌는 것은 아니다. 자세히 살펴보면, 문명화 과정에 동반된 일련의 인간적·사회적 문제들에서도 특수한 질서를 감지할 수 있다. 또한 이 문제들은 단계마다 특수한 형태를 띤다.

예를 들어, 엄청난 위력을 가진 세균 감염의 위험에 대해 설명하고 어느 정도 그것을 통제하게 되었을 때에야 비로소 세균성 질병을 분리된 문제로 인식할 수 있었다. 이러한 소득이 헛된 것은 아니며 분명 진보라고 할 수 있지만, 아직 병원체에 대한 싸움이 끝나지 않았기 때문에 절대적인 것이라고는 말할 수 없다. 인구 증가에 대해서도 마찬가지의 논리가 적용될 수 있다. 질병 퇴치, 특히 전염병 억제에 성공했다는 점은 이 맹목적이면서도 계획되지 않은 인구 증가라는 위험한 과정이 전개되는 데 일조했다. 인구 증가의 위험에 직면해서 맬서스식의 인구 증가 억제책—전염병, 전쟁, 금욕, 기아, 단명 등—을 통해 '좋았던 과거'로 돌아가기를 바라는 사람이 어디 있겠는가?

지금으로부터 사오백 년 전에 시작되었다고 볼 수 있는 문명화 과정의 전개 속에서 사람들의 죽음에 대한 태도, 죽어가는 방식 자체도 다른 모든 것들과 더불어 변화를 겪었다. 이 변화의 핵심 구도와 방향은 매우 분명하다. 이 변화의 복잡성에 비추어볼 때 몇 가지 예로 포괄해서 설명할 수는 없겠지만 여기서는 몇몇 예를 들어 이를 증명해보고자 한다.

옛날에는 죽어가는 일이 오늘날보다 훨씬 공개되어 있었다. 그 당시 조건으로 보았을 때 다른 식으로 죽는다는 것은 거의 불가능했다. 무엇보다 사람들이 혼자 있는 경우가 드물었다. 수녀와 수사라면 자기 방에서 혼자 있었을지도 모르지만, 보통 사람들은 다른 이들과 계속 함께 지내야 했다. 그러한 주거 형태가 그들에게 다른 선택의 여지를 주지 않았다. 출생과 사망—인간의 다른 동물적인 측면과 마찬가지로—은 훨씬 공개적이었고, 따라서 오늘날과 비교했을 때 훨씬 사회적이었다. 그 영역들은 사적인 성격을 덜 가지고 있었다. 오늘날 죽음에 대한 태도에서 가장 특징적인 것은 어른들이 아이들에게 죽음에 관한 사실을 알려주기 꺼려한다는 점이다. 이것은 개인적·사회적 수준에서 이루어지는 죽음에 대한 억압의 징후로서 특히 주목할 만하다. 어린아이들이 상처받을지도 모른다는 모호한 감정 때문에 사람들은 아이들이 반드시 알고 이해해야 할 단순한 사실들을 감추려고 한다. 그러나 위험은 아이들이 아버지, 어머니 그리고 그 자신을 포함해 모든 인간 존재의 유한성을 아는 것에 있지 않다. 모든 경우에 아이들의 환상Phantasie은 이 문제를 둘러싸고 있으며, 아이들의 강렬한 상상력으로 인해 죽음을 둘러싼 공포와 불안이 가중되는 경우도 많다. 아이들이 정상적으로 오랫동안 삶을 살아가리라는 점을 인식하는 것은 이러저러한 혼란스런 환상에 사로잡히는 것보다 훨씬 유쾌한 일이다. 문제는 아이들에게 죽음에 대해 말해야 되는가 아닌가가 아니라 죽음을 말하는 방식이다. 어른들이 죽음에 대해 말하기를 꺼리는 것도 나름대로 이유가 있으며, 자신들의 불안을 혹 아이들에게 말하게 될까봐 걱정하기도 한다. 나는 부모 중 한 명이 자동차 사고로 죽은 아이를 알고 있다. 아이들의 반응은 나이와 인성 구조에 따라 다르지만 그 경험이 심대한 심리적 외상을 줄 수 있다는 점에서, 나는 아이들에게 죽음이 당연한 과정이라는 단순한 사실, 그리고 다른 사람들과 자신의 삶의 유한성에 대해 익숙해지게 하는 것이 바람직하다고 생각한다. 오늘날 어른들이 아이들에게 죽음이라는 생물학적 사실을 가르치고 싶어하지 않는다는 것은 의심의 여지 없이 문명화의 현 단계에 지배적으로 나타나는 특수한 현상이다. 예전에는 사람들이 죽을 때 아이들도 그 자리에 있었다. 다른 사람들이 다 지켜보는 가운데 모든 일이 벌어졌던 사회에서는 죽음의 과정 역시 아이들이 있는 자리에서 일어났던 것이다.

6

사회 발전의 이전 단계들에서 발화, 사고, 글쓰기를 비롯한 사회생활의 여러 영역에 대한 제약 정도는 영역별로 차이가 있었다. 자신의 사적인 검열과 동료들에 의한 검열은 상이한 형태를 띠었다. 시기상 좀더 최근에 가깝다고 할 수 있는 17세기의 시에서 이러한 차이점을 발견할 수 있다. 슐레지엔 시인 호프만 폰 호프만스발다우Hofmann von Hofmannswaldau는 「미의 덧없음」이라는 시를 썼다.

창백한 죽음은 차가운 손길로
결국 그 시간이 오면 그대의 가슴을 어루만지리
그대 사랑스런 산홋빛 입술은 창백해지고
눈처럼 빛나는 그대의 따스한 어깨도
차가운 모래로 변하리라
그대 눈 속의 달콤한 별빛
생기 넘치는 그대의 손짓
사람들은 그것에 반하고
쉽게 그 앞에 무너졌지요
그대의 머리카락
지금은 금빛으로 너울거리지만
세월이 흘러가면 엉켜 흐트러진 실타래가 되겠지
그대의 아름다운 발
그대의 우아한 몸짓도
먼지 속으로 사라져
아무것도 남지 않겠지
지금 찬란히 빛나는 그대 그때는 아무도 숭배하지 않으리
지금의 아름다움 아니 그보다 더한 것이라도
결국은 스러지고 말지니
그러나 그대의 마음만은 영원히 변치 않겠지
신이 부서지지 않는 다이아몬드로 만드셨기에

우리 시대의 독자들은 차가운 손으로 사랑하는 이의 가슴을 어루만지는 창백한 죽음이라는 비유를 조잡하고 기분 나쁜 것으로 받아들일 것이다. 그러나 거꾸로 이 시에서 죽음

이라는 문제에 대한 심오한 사고를 발견할 수도 있다. 이 시를 이해하고 이 시와 우리 자신을 연결하기 위해서는 아마도 1918년 이후에 시작되어 1933년을 기점으로 완전히 역전되고, 1945년부터 다시 그 동력을 얻었던 독특한 비공식화 과정Informalisierungsschub을 염두에 두어야 할 것이다. 바로크 시대의 수많은 시들과 마찬가지로, 이 시는 빅토리아 시대와 빌헬름 시대의 수많은 금기에 역행한다. 그렇게 자세히, 비낭만적이고 심지어 유쾌하다 할 정도로 사랑하는 이의 죽음을 설명하는 것은 빅토리아 시대의 금기가 크게 약화된 오늘날에도 쉽게 찾아보기 어렵다. 오늘날 우리 자신의 인성 구조에서 그 표현을 발견할 수 있는 문명화 과정상의 변화를 설명하지 못한다면 우리는 영원히 어둠 속을 헤매면서 과거를 해석할 수도, 과거의 역사에 대해 의미를 부여할 수도 없을 것이다. 그렇게 되면 자의적 해석이 판을 치고 잘못된 결론이 지배할 것이다. 가령 이전 세대들이 죽음, 무덤, 벌레에 대해 보다 공개적으로 말했다는 사실은 그들의 병적인 관심을 나타내는 것으로 받아들일 수 있으며, 남녀 간의 육체관계를 솔직히 표현했다는 것은 호색이나 도덕적 방종의 증거로 해석될 수도 있다. 따라서 우리가 우리 자신으로부터, 우리 자신의 문명화 단계로부터 거리를 두면서 우리가 가지고 있는 수치와 혐오의 역치점이 단계 특수적이라는 사실을 인식할 때에만, 우리는 다른 시대 사람들의 행동과 작품에 대해 공평해질 수 있다.

앞에서 인용한 시는 우리 시대의 좀더 사적이고 개별화된 시보다 훨씬 더 직접적인 남녀 간의 사회적 교류에서 배태되었다. 그 속에는 오늘날과 비교할 수 없을 정도의 진지함과 위트가 결합되어 있다. 아마도 앞의 시는 특별한 경우를 위해 쓰였을 것이다. 그 시는 호프만스발다우의 문학 모임에서 돌려 봤을 것이고 남녀를 불문하고 그의 친구들을 기쁘게 했을 것이다. 이후 죽음, 묘지 등과 종종 연결되었던 경건하거나 감상적인 분위기는 여기에 존재하지 않는다. 경고조의 분위기가 농담과 결합된 이 시는 죽음에 대한 태도가 우리 시대와는 매우 달랐음을 잘 보여준다. 이 시인의 모임에 속한 사람들은 현대의 독자들이 느낄 수 없는 유쾌함을 즐겼을 것이다. 호프만스발다우는 머뭇거리는 사랑스런 여인에게 그녀의 모든 아름다움은 무덤 속에서 사라질 것이고 산홋빛 입술, 흰 눈처럼 눈부신 어깨, 빛나는 두 눈, 그녀의 육체가 모두—마음만 제외하고—썩어버릴 것이라고 말한다. 그녀의 마음은 다이아몬드처럼 단단하다. 왜냐하면 그의 간청을 듣지 않으려 하기 때문이다. 현대인의 정서를 표현한 글에서는 이와 같이 장중함과 경박함이 한데 섞여, 인간 육신의 부패를 세세히 묘사하면서 그것을 연애 유희에 이용하는 예는 찾아볼 수 없을 것이다.

사람들은 이 시를 한 작가의 개인적인 작품 정도로 생각할지도 모르겠다. 문학사의 관점에서 본다면 그렇게 해석될 수도 있다. 그러나 현재의 맥락에서, 문명화 과정의 상이한 단계에 존재했던 죽음에 대한 태도의 증거로서, 이 시의 주제가 한 개인의 창작품과는 다른 그 이상의 것이라는 점에서 정확히 이 시의 중요성을 찾을 수 있다. 이 시의 주제는 넓은 의미에서 유럽 바로크 시의 공통 주제이며, 이 시는 17세기 궁정 귀족 사회에서 벌어졌던 연애 유희의 방식에 대해 무엇인가 시사하고 있다. 이들 사회에서 앞의 시와 동일한 주제를 담고 있는 수많은 시를 발견할 수 있다. 그 주제를 시적으로 다루는 방식은 개인적이고 다양했다. 이 주제로 가장 아름답고 유명한 시는 마벌A. Marvell의 「그의 수줍어하는 정부에게」이다. 이 시 역시 아름다운 육신이 무덤에 묻혔을 때 벌어질 일들에 대한 노골적인 표현을 담고 있으며, 오래 기다리지 않게 하라고 그 콧대 높은 여성에게 경고하고 있다. 이 시 역시 수세기 동안 별 이목을 끌지 못했다. 오늘날 그중 몇 행은 사람들의 사랑을 받아 자주 인용된다.

> 무덤, 그 아름답고 은밀한 장소
> 그러나 그곳에서는 아무도 그대를 포옹하지 않으리[7]

동일한 주제의 변주가 롱사르P. Ronsard, 오피츠M. Opitz를 비롯한 당대의 여러 시인들의 시에서 발견된다. 그것은 우리와는 다른 수치와 당혹감의 수준을 보여주며, 단지 고립된 개인이 아니라 사회적인 수준에서의 인성 차이를 보여준다. 죽음, 묘지, 죽은 사람에게 벌어지는 일에 대한 세세한 언급, 이와 같은 것들은 엄격한 사회적 검열의 대상이 아니었다. 썩어가는 시체에 대한 묘사가 흔하게 나타났다. 그리고 모든 사람이 알고 있었기에 그 장면은 사회적으로 또 시적으로 지금보다 훨씬 더 자유롭게 말해졌다.

오늘날은 사정이 다르다. 역사상 그 어느 때보다도 죽음은 사회생활의 배후로 밀려났고 위생적으로 제거되었다. 역사상 어떤 선례도 찾아볼 수 없을 정도로 시체는 악취 없이 신속하게, 죽음의 병상에서 무덤으로 너무도 완벽하게 기술적으로 처리되기에 이르렀다.

7

우리 시대에 죽어가는 사람 곁에서 살아 있는 사람들이 느끼는 각별하다고 할 당혹감은 죽음과 죽어가는 사람이 사회생활에서 최대한 배제되어 있다는 점, 그리고 죽어가는 사람을 다른 이들로부터 철저히 격리한다는 사실과 밀접하게 연관되어 있다. 죽어가는 이 앞에서 사람들은 마땅히 할 말을 알지 못한다. 이 상황에 쓸 만한 어휘는 상대적으로 빈약하고 고통의 감정이 앞서서 언어를 억제한다. 죽어가는 이들에게 이것은 괴로운 경험이다. 여전히 살아 숨쉬는데도 그들은 이미 버려진 것이다. 그러나 여기서조차 죽어가는 것과 죽음이 남은 사람들에게 던지는 문제는 분리되어 존재하지 않는다. 위중한 상태에 처한 사람 앞에서 할 말을 잊고 연민의 감정을 자연스럽게 표현하지 못하는 상황은 꼭 누군가가 죽어가거나 죽음을 슬퍼하는 경우에 국한되는 것은 아니다. 우리 시대가 도달한 문명 단계에서, 자제력을 잃지 않으면서도 강한 감정적 표현을 해야 하는 많은 경우에도 이러한 상황이 발생한다. 사랑과 정을 표현해야 하는 상황에서도 이와 같은 일이 벌어진다.

자신의 감정에 적합한 표현을 찾아야 하는 이 모든 경우에서 자신이 알고 있는 것에 의존해서 혼자 힘으로 그 표현을 찾아내야 하는 짐을 이전보다 훨씬 크게 지게 된 것은 오늘날의 젊은 세대이다. 사회적 전통은 그 상황들에 대처하는 것을 용이하게 할 일반적 표현이나 표준적 형식을 개인들에게 제공하지 않는다. 물론 전통적 표현이나 관행이 여전히 통용될 수 있지만, 그것들은 얄팍하고 낡았기 때문에 오늘날 많은 사람들이 그것을 사용하는 데 불편함을 느낀다. 어려운 삶의 상황에 좀더 쉽게 대처하게끔 해주었던 예전의 의례적 공식은 오늘날의 많은 젊은이에게 낡고 진솔하지 못한 것으로 비친다. 현재의 감정과 행동 기준을 반영하면서 삶 속에서 반복되는 위기에 대처할 수 있도록 해주는 새로운 의례는 아직 존재하지 않는 것이다. 건강한 사람과 죽어가는 사람, 산 자와 죽은 자의 관계에서 나타나는 이 단계 특수적인 문제들이 각각 별도의 문제로 제시된다면 그것은 잘못된 구도일 것이다. 우리는 여기서 현 단계 문명이 안고 있는 전반적인 문제의 한 측면을 볼 수 있다.

이 경우 역시 현재 상황의 특수성은 과거의 동일한 문제를 전례로 삼음으로써 더 잘 밝혀질 수 있다. 1758년 10월 말 프로이센 국왕 프리드리히 2세의 여동생인 바이로이트 후작 부인이 병상에서 죽어가고 있었다. 그녀를 만나러 갈 수 없는 상황이었던 프리드리히 왕은 그녀가 가망 있을지도 모른다는 생각에서 서둘러 자신의 주치의 코테니우스를 보냈다. 코테니우스 편에 그는 1758년 10월 20일로 적힌 편지와 몇 구절의 시를 보냈다.

이 세상 무엇과도 바꿀 수 없는
사랑하는 누이에게

보낸 시는 잘 받았겠지. 자나깨나 산문이나 시를 쓰고 있을 때에도 온통 네 생각, 네 죽음에 대한 생각뿐이구나. 네 모습이 내 영혼을 사로잡고 내 마음을 지배하는구나. 날마다 너의 회복을 비는 내 기도를 하느님께서 받아주시겠지. 내 소망이 이루어질게다! 코테니우스가 그리로 갈 거야. 이 세상에서 내가 가장 사랑하는 사람, 내가 경애하고 존경하며 나의 존재 이유인 너를 나 역시 흙으로 돌아갈 때까지 살아 있게만 해준다면, 나는 그에게 모든 경의를 다 바칠 것이다. 내 사랑하는 동생, 너만을 걱정하고 너를 영원히 사랑하는 오빠이자 친구가.

프리드리히

프리드리히 왕은 누이에게 보내는 이 고별의 편지를 프랑스어가 아닌 독일어로 썼으며, 그로서는 흔치 않은 일이었다. 우리는 이 편지가 죽어가는 한 여인에게 위안을 주었을 것이며, 이 세상을 쉽게 하직하도록 해주었으리라고 상상할 수 있다.(그녀가 살아서 편지를 읽었다면 말이다.)

성적이지 않은 것이 독일어의 원천일는지는 모르나, 독일어는 사람들 사이에 성적이지 않은(그 기원이야 어찌되었든, 성적이지 않다고 할 수 있는) 감정의 섬세한 결을 표현하는 데 있어 그다지 풍부한 언어는 아니다. 영어의 '호감affection'과 '좋아하는affectionate' 같은 단어에 상응하는 단어는 독일어에 없다. '마음의 끌림'을 나타내는 Zuneigung과 zugetan 같은 단어는 영어 단어에 담긴 따뜻한 분위기가 없고 또 자주 사용되지도 않는다. 프리드리히 왕이 편지에 쓴 "이 세상 무엇과도 바꿀 수 없는 사랑하는 누이에게"라는 구절은 분명 그의 감정을 가장 정확하게 표현하는 말이다. 오늘날에도 그 말이 사용될 수 있을까? 누이에 대한 정서적 애착은 한 여성에 대한, 아니 그의 삶에서 만난 가장 특별한 사람에 대한 더없이 강한 감정적 집착이었다. 우리는 이 편지에 나타난 감정이 매우 진솔함을 알 수 있다. 남매간의 애정은 상호적이다. 그는 분명 자신의 가없는 애정의 확신이 죽어가는 누이에게 평온을 줄 수 있다는 점을 알고 있었다. 그러나 이 감정 표현은 사회 관습상 그에게 허락되는 한에서 특정한 언어적 관습에 대한 암묵적 신뢰에 의해 가능했다. 과거의 상투적 문구들을 잘 알고 있는 현대의 독자라면 "네 모습이 내 영혼을 사로잡고"를 관습적 문구로, "내 기도를 하느님께서 받아주시겠지"를 과장된 바로크적 표현으로, 특히 별로 신앙심 없는 군주의 입에서 흘러나온 말 정도로 생각할 것이다. 분명 프리드리히 왕은 자신의 감정을 표현하기 위해 관습적 표현에 의존했다. 그러나 그는 자기감정의 진솔성이 분명하게 나타날 수 있는 방식으로 그런 구절을 사용했고, 우리는 편지의 수령자가 그의 진심을 느꼈을 것이라고 생각한다. 의사소통 구조가 이러했기 때문에 당시의 수신인들만이 궁정 언어의 진솔성과 가식성을 분명히 구별할 수 있었다. 그렇지만 현재 우리의 감각으로는 이 예의 바른 표현들이 가지고 있는 미묘한 차이를 더이상 구별할 수 없다.

이 점은 현재의 상황이 어떠한지를 분명하게 보여준다. 비교적 최근에 시작되었고 현재에도 진행중인 비공식화 과정[8]은 특히 기존의 의례와 이전 세대의 '미사여구'를 불신하도록 했다. 많은 사회적 처방전은 그 규칙체계가 만들어졌던 과거 당시의 분위기를 아직 가지고 있다. 이제 그것들은 스님이 염주를 돌리면서 '옴 마니 파드메' 주문을 외던 때처럼 기계적으로 사용될 수 없게 되었다. 그러나 동시에 문명화의 현 단계에 동반되는 변화는 많은 사람들에게 공적 생활이나 사적 생활에서 강한 감정 표현을 꺼려하도록, 때로는 아예 표현할 수 없도록 만들었다. 그것들은 정치적·사회적 갈등 상황에서만 분출되는 듯하다. 17세기 사람들은 공적인 자리에서 울 수 있었다. 오늘날에는 그렇게 하기가 어려워졌고 또 그러는 경우도 드물어졌다. 여성만이 여전히 그렇게 할 수 있고 또 사회적으로도 용인된다. 그러나 이것도 그리 오래갈 것 같지는 않다.

죽어가는 사람—그리고 상을 당한 사람—앞에서 우리는 문명화 과정 현 단계에서 우리가 처해 있는 독특한 딜레마를 매우 분명하게 알 수 있다. 비공식화 과정은 많은 사람들에게 삶의 매우 중대한 위기 상황에서 형식적 문구를 사용하는 것을 포함해 전통적 행위 유형의 전 체계를 의심스럽고 당혹스러운 것으로 만들었다. 적절한 말과 행동을 발견하는 과제는 개인들이 알아서 해야 하는 일이 되었다. 사회적으로 처방된 의례와 문구를 회피하고자 하기 때문에 개인들은 자신들의 감정을 나타낼 수 있는 나름의 표현을 개발해야 할 필요를 점점 더 절실히 느낀다. 그러나 이 과제는 현 단계 문명화 수준에 있는 개인들에게는 벅찬 것이다. 현 단계를 구성하는 근본적인 삶의 방식은 강력하고 자연발생적인 감정을 억누르는, 상대적으로 높은 정도의 감정적 유보를 요구하고 또 만들어낸다. 강한 감정을 표현하는 행위와 그 언어적 표현을 봉쇄하는 장벽을 넘는 경우란 매우 예외적인 상황에서뿐이다. 따라서 죽어가는 사람과 나누는 대화 혹은 그에게 건네는 당혹스럽지 않은 몇 마디 말이 절실히 필요한데도 그것은 쉽지 않은 일이 되었다. 병원에서의 제도화된 일상만이 죽어가는 상황에 대한 사회적 틀을 제공한다. 그러나 이 틀은 감정이 배제되어 있으며, 죽어가는 사람을 더욱더 고립무원의 상태로 몰아넣는다.

종교적 형태의 죽음 의례는 사람들이 자신에 대해 걱정하고 있다는 느낌을 죽어가는 신자들의 마음속에 불어넣는다. 이것이야말로 그 의례의 실제적 기능이다. 이와 별도로 현재 죽어간다는 것은 상당히 무정형적 상황에 놓여 있으며 사회적 지형도에서 빈자리로 표시된다. 세속적 의례는 대개 감정과 의미를 결여하고 있다. 전통적이고 세속적인 표현 형식은 설득력이 없다. 설사 강한 감정을 느낀다고 할지라도 사회적 금기들이 감정의 과잉 표출을 금지한다. 그리고 전통과 관련해서 아직도 남아 있는 마술적 행위들—창문을 열고 시계를 멈추는 등—과 같은 죽음을 둘러싼 신비스러운 아우라는 죽음을 서로를 위해 함께 해결해야 할 일종의 인간적·사회적 문제로 다루지 못하게 한다. 현재 죽어가는 사람과 가까운 이들은 그들이 사랑하고 또 걱정한다는 증거를 보임으로써 죽어가는 사람에게 격려와 위안을 줄 능력이 없는 경우가 종종 있다. 죽어가는 사람의 손을 잡아주거나 쓰다듬거나 변치 않는 사랑과 보호의 느낌을 주는 등의 행위를 스스럼없이 하지 못하는 것이다. 강력하고 자연스럽게 분출되는 감정 표현을 금하는 문명의 금기가 그들의 혀와 손을 묶어놓았다. 그리고 살아 있는 사람들은 반쯤은 무의식적으로 죽음을 위협적이고 전염적인 것으로 느끼면서 자기도 모르게 죽어가는 사람에게서 물러선다. 그러나 친한 사람과 헤어질 때처럼 마지막 길을 떠나는 사람에게 에누리 없는 애정을 보여주는 것, 그것은 신체적 고통을 완화시켜주는 것과는 별도로, 남아 있는 사람이 해줄 수 있는 다른 어떤 것보다 중요한 일일 것이다.

8

죽어가는 사람에게서 물러서는 살아 있는 자들, 그리고 그 주위로 점차 번지는 침묵은 임종 이후에도 계속된다. 시신 처리와 묘지 관리에서 그 점이 잘 나타난다. 오늘날 이 둘은 대부분 가족, 친지, 친구의 손을 떠나 돈을 받고 일하는 전문인의 손에 맡겨져 있다. 죽은 사람에 대한 기억이 아직 눈에 선한데도 그들에게 시신과 묘지는 별 의미를 갖지 않는다. 죽은 아들의 시신을 두고 슬퍼하는 어머니의 모습을 그린 미켈란젤로의 〈피에타〉는 하나의 예술작품으로서는 납득 가능하지만 실제 사건이라고 믿기는 어렵다.

묘지 관리업자들이 발행한 홍보 책자를 보면 묘지 관리

가 가족의 손에서 멀리 떠나 전문가의 일로 넘겨졌음을 말해 준다.[9] 당연한 것이겠지만 이 책자에는 묘지를 장식하는 꽃의 양을 줄이려는 동종 업종 경쟁자들에 대한 경계의 말이 적혀 있다. 영리를 목적으로 하는 그 업자들은 홍보 책자가 고객의 마음에 다가갈 수 있도록 최선을 다했을 것이다. 그렇기 때문에 죽은 사람이 묻힌 장소인 묘지의 의미에 대해 침묵하는 것은 거의 철칙이다. 따라서 묘지 관리인이라는 직업과 시신 매장 간의 연관을 보여줄 수 있는 어떤 명시적 언급도 나타나지 않는다. 잠재적 고객의 입장을 겨냥하는 이 조심스러운 은폐의 태도를 앞서 인용했던 17세기 시의 정조와 비교한다면 그 차이는 매우 분명하다. 그 시들은 무덤 속에서 육신에게 일어나는 일을 솔직하게 말했던 반면, 오늘날의 인쇄 매체와 사교적인 대화는 유쾌하지 못한 연상을 위생학적으로 억압한다. 사랑하는 여인의 관심을 끌기 위해 시인 마벌이, 죽고 나면 벌레가 "고이 간직해온 처녀성"을 앗아갈 것이고 무덤 속에서 그녀의 "우아한 품위는 흙먼지로 변할 것"[10]이라고 경고했던 점에 비추어볼 때, 그 이후로 진행되었던, 그리고 누구도 계획하지 않았던 문명화 과정 속에서 꺼림의 수준이 엄청나게 올라갔음을 알 수 있다. 17세기에는 시인들조차 무덤 속의 벌레에 대한 표현을 당혹스럽게 느끼지 않았다. 현재는 묘지 관리인조차 무덤이나 죽음과의 연관을 상기시키는 어떤 표현도 기피한다. '죽음'이라는 단어 또한 가능한 한 회피된다. 그 말은 이 책자에서 죽은 이의 기일에 대해 언급할 때에만 딱 한 번 나타난다. 그리고 이 말이 줄 수 있는 언짢은 인상은 즉시 결혼식에 대한 언급으로 상쇄된다. 결혼식에도 화환이 필요하다고. 묘지가 불러일으킬 수 있는 무서운 연상들은 '도시 녹지'라는 간단한 말로 방지된다.

> 독일의 묘지 관리인들은…… 사람들이 묘지를 문화와 전통의 영역으로, 즉 회상의 장소이자 도시 녹지의 일부로 인식하도록 거듭 강조한다. 왜냐하면 사람들의 인식을 고양시키는 것이야말로 전통적인 묘지, 즉 푸르고 꽃이 만발한 묘지가 낯선 매장 관습이나 경제성에 기초한 제한 조치, 어떻게 될지 모르는 통제 불가능한 도시 계획 또는 순전히 합리적 관점에서 계획된 기술 관료적 묘지 형태로 바뀌지 않도록 하는 최선의 방책이기 때문이다.

경쟁업자들을 견제하는 상업적 술책을 세세히 논하는 것도 흥미롭겠지만 여기서는 다루지 않겠다. 어쨌든 잠재적 고객은 최대한 죽음에 대한 연상이나 그 비슷한 것으로부터 보호된다. 왜냐하면 잠재적 고객에게 죽음이란 유쾌하지 않기 때문이다. 그러나 회피와 은폐가 교대로 나타날 때 그것은 어느 정도 불쾌한 느낌을 낳는다.

죽은 자를 추모하는 장소가 진정 산 자를 위한 공원이 된다면 매우 좋은 일이다. 그것이야말로 묘지 관리인이 전달하고 싶어하는 이미지다. '일상의 소음을 떠나 조용하고 푸르르며 꽃이 피어 있는 섬과 같은 곳', 그것이 진정 산 자를 위해 계획되고 마련된 공원이라면, 또 어른들이 편안하게 샌드위치를 먹고 아이들이 뛰어노는 공원이라면 얼마나 좋겠는가?

한때는 그것이 가능했을지도 모른다. 그러나 오늘날 장례식과 묘지를 둘러싼 경건한 분위기, 위트와 웃음은 죽은 자에게 어울리지 않는다는 생각 때문에 묘지는 일상으로부터 완전히 격리된 공간이 된다. 이것은 죽어가는 사람과 거리를 두고 싶어하고 인간의 동물적 측면을 보여주는 이 당혹스러운 상황을 가능한 한 정상적 삶의 뒤편으로 밀어넣으려는 산 자의 무의식적 시도를 보여주는 징후이다. 무덤 주변에서 재미있게 뛰노는 아이들은 잘 다듬어진 잔디와 화단을 관리하는 경비들로부터 죽은 자에 대한 존경을 표할 줄 모르는 버릇없음에 대해 꾸지람을 듣는다. 그러나 죽은 사람은 자신이 대접을 받는지 그렇지 않은지 알지 못한다. 장례식과 무덤을 둘러싼 경건함, 무덤 주변은 고요해야 한다는 생각, 묘지에서는 목소리를 낮추어야 한다는 관념, 이 모든 것은 죽은 자와 산 자를 따로 떼어놓는 형식이자 죽은 자들의 인접성, 그리고 그 때문에 우리가 느끼는 위협을 가능한 멀리하려는 수단이다. 죽은 자를 존경하자는 것도 산 자들의 요구이고 거기에는 나름의 이유가 있다. 살아 있는 이들은 죽음에 대해 그리고 죽은 자에 대해 두려워하기 때문이다. 그러나 죽은 자에 대한 존경은 종종 산 자들이 권력을 키우는 수단이 되기도 한다.

9

'죽은 자Die Toten'라는 표현이 사용되는 방식에서도 흥미로운 시사점이 발견된다. 이 표현은 죽은 사람이 어떤 의미에서 여전히 존재하는 듯한 인상을 준다. 즉 살아 있는 사람들의 기억에서는 물론이고 마치 독자적으로 존재하는 듯한 인상을 준다. 그러나 죽은 자는 존재하지 않는다. 그들은 현재 살아 있고 앞으로 살아갈 사람들의 기억 속에서만 존재한다. 현재 살아 있는 사람들의 업적과 창조물이 의미 있고 중요해지는 것은 미래 세대의 판단에 달려 있다. 그러나 대부분의 경우 사람들은 이 점을 충분히 인식하지 못한다. 죽어가는 것에 대한 공포는 분명 죽어가는 자의 입장에서 보면 자신이 의미 있고 중요하다고 생각하는 것이 파괴되고 그것을 잃어버리는 것에 대한 공포이기도 하다. 그러나 앞선 세대에서 중요하게 생각했던 것이 자신들의 삶뿐 아니라 다른 이들의 삶에서도 의미 있는 것인지 아닌지는 다음 세대, 아직 태어나지 않은 사람들이 결정할 일이다. 소박한 묘석조차 이런 토론의 대상이 될 것이다. 아마도 먼 훗날 지나가는 행인은 여기 아무개 부부와 그들의 부모, 그리고 그 자식들이 잠들어 있다는 비문을 읽을 것이다. 영원히 없어지지 않을 것 같은 묘석 위에 적힌 것은 바로 죽은 사람이 살아남은 모두에게 보내는 침묵의 메시지다. 그것은 채 표현하지 못한 감정의 상징이며 이것이야말로 죽은 자가 산 자의 기억 속에 남을 수 있는 유일한 방법이다. 기억의 고리가 끊어졌을 때, 특정 사회 혹은 인간 사회 전체의 연속성이 붕괴되었을 때, 수천 년 동안 그 구성원들이 해왔던 모든 것들의 의미, 그들에게 중요한 것으로 간주되었던 모든 것들의 의미 역시 사라지게 된다.

오늘날에도 사람들이 서로에게 어느 정도 의존하는지를 파악하는 것은 힘든 일이다. 어떤 사람의 생의 의미가 그 사람이 다른 사람에게 어떤 의미인가에 달려 있다는 점, 즉 현재 살아 있는 사람들뿐 아니라 미래 세대들에게 가지는 의미에 달려 있다는 점, 따라서 그 혹은 그녀는 세대를 전승하는 인간 사회의 연속성에 의존하고 있다는 점은 분명 인간들 간의 상호 의존, 과거 인간들에 대한 미래 인간들의 의존, 미래 인간들에 대한 과거 인간들의 의존을 보여주는 가장 근본적인 사실이다. 그러나 오늘날 사람들은 자신을 비롯한 개별 인간들이 지닌 삶의 유한성을 보지 못하고 자신의 삶이 곧 사라질 것이라는 사실을 직시하지 못하며, 자신이 지닌 삶의 방식—자신의 일, 쾌락, 무엇보다도 타인에 대한 자신의 행위 등—속에 이 같은 지식을 포함시키기를 거부하기 때문에 이러한 의존 관계를 이해할 수 없다.

오늘날 너무도 많은 사람들이 자신을 다른 사람과 전혀 별개인, 독립적이고 고립된 존재로 간주한다. 고립된 개인의 관점에서 보면 자신의 이해와 관심을 계속 추구해가는 것은 한 개인이 해야 할 가장 분별력 있고 의미 있는 일처럼 보인다. 이 경우 삶의 지상과제는 자기 자신만의 고유한 의미, 다른 사람들과는 구분되는 독자적인 의미를 찾는 것이다. 이러한 종류의 의미를 추구하는 사람들이 삶을 부조리하게 생각하는 것도 무리가 아니다. 자신이 다른 사람들과 상호 의존하는 존재이며, 세대의 연속성 위에 있는 하나의 연결 고리로서, 자신들이 가져온 성화를 결국은 타인에게 건네주어야 하는 릴레이 성화 봉송주자라는 사실을 깨닫는 것은 현재로서는 매우 어려운 일이며 흔치 않은 일이다.

그러나 개인이 지닌 삶의 유한성을 억압하고 은폐하는

것은 흔히 말하듯 20세기에 특수한 현상은 아니다. 그것은 이 유한성의 인식만큼이나, 그리고 자신의 죽음에 대한 예견만큼이나 오래된 것이다. 생물학적 진화 과정에서 인간은 다른 피조물의 죽음—인간에게 식량으로 제공되는 것을 포함해서—을 자신의 죽음과 연관시킬 수 있는 지식을 가지게 되었다고 가정해볼 수 있다. 모든 생명체 중에서 인간만이 가진 상상력 덕분에 인류는 죽음이 닥치기 전에 이미 이 종말을 모든 인간에게 주어진 예정된 종말로 깨닫기 시작했다. 그러나 자신의 죽음을 기정사실로 알게 된 그 오랜 옛날부터 이 달갑지 않은 지식을 억압하려 하고 거기에 보다 만족스러운 관념을 덧씌우려는 시도가 있었을 것이다. 이 지점에서 인간만이 지닌 상상력이 발동하기 시작했을 것이다. 그러므로 죽음을 둘러싼 달갑지 않은 지식과 은폐적 환상은 진화의 동일한 단계에서 나타난 산물이라고 할 수 있다. 오늘날 인류는 엄청난 양의 축적된 경험과 지식을 가지고 있다. 죽음에 대한 소박한 지식이 아닌 비위에 거슬리지 않는 환상이 공동체적 삶을 살아가는 인류에게 결국 훨씬 더 꺼림칙하고 위험한 결과를 낳는 것은 아닌가? 인류는 더이상 이 질문을 피할 수 없게 되었다.

인간의 의식 속에서 죽음, 즉 모든 인간 존재의 반복 불가능한 유한성에 대한 은폐와 억압은 아주 오랜 옛날부터 있어왔다. 그러나 은폐의 양식은 시간이 흐름에 따라 특정한 방식으로 변화했다. 옛날에는 죽음에 대한 지식에 대처하는 수단으로 집합적·소망적 환상이 지배적이었다. 물론 그것은 오늘날에도 중요한 역할을 한다. 죽음에 대한 공포는 내세에 영생을 누릴 것이라는 집합적·소망적 환상에 기대어 많이 완화되었다. 사람들이 가진 공포를 어떻게 관리하느냐가 권력의 주요한 원천 중 하나가 되면서 이것을 바탕으로 수많은 지배가 정당화되었고 지금도 여전히 그러하다. 최근에 나타난 매우 포괄적인 개인화 과정으로 인해 집합적 환상으로부터 분리된 개별적이고 비교적 사적이라고 할 수 있는 불멸성의 환상이 보다 빈번하게 출현하여 전면에 부상하고 있다.[11] 프로이트는 정신의 가장 동물적 층위를 '이드'라고 불렀으며, 이 심리적 작인作因이 불멸의 것이라는 관점을 고수했다. 그는 이드를 피지스physis(자연)에 가장 근접한 것, 심리의 가계에서 가장 동물적 층위의 것으로 보고 작은 인간처럼 취급했다. 나는 이 관점에 문제가 있다고 생각한다. 이드 수준에서 한 개인은 어떠한 예견도 할 수 없으며, 따라서 그 혹은 그녀 자신의 죽음에 대한 선지식을 가질 수 없다. 이러한 지식이 없다면 개인의 불멸성이라는 보상적 관념은 설명될 수 없다. 즉 그것은 아무 기능도 가지지 않을 것이다. 프로이트는 지금 여기 수준에 전적으로 전향된 인간의 이드-충동에는 불가능하다고 할 수 있는 성찰성을 부여한다.

프로이트가 발견한 많은 환상들은 죽음의 이미지를 둘러싸고 있다. 나는 앞서 죄의식, 즉 자신이 저지른 잘못에 대한 처벌의 의미를 가지는 죽음의 관념에 대해 언급했다. 죽어가는 사람에게 (종종 어린 시절의) 상상적 범죄에 대한 뿌리 깊은 처벌의 불안을 완화시켜주는 것이 얼마나 도움이 될지는 알 수 없다. 종교적인 용서, 사면 제도는 죄불안이 죽어가는 과정과 결부되어 빈번히 나타나는 것임을 직관적으로 보여준다. 프로이트는 이 점에 대해 최초로 과학적 설명을 한 사람이다.

여기서 자기 자신의 죽음에 대한 관념과 죽어가는 과정에 결부된 모든 다양한 환상적 모티프들을 추적할 생각은 없다. 그러나 오늘날 사람들이 가진 개인적 환상과 마찬가지로 순박한 사람들이 가졌던 마술적 환상의 세계에서 죽음의 이미지는 살인의 이미지와 밀접하게 관련되었다는 점을 간과할 수 없다. 보다 순박했던 옛사람들은 사회적 권력자들의 죽음을 적어도 누군가 그 사람들에게 가한 어떤 일, 즉 일종의 살인으로 생각했다. 거기에는 살아남았다는 안도가 결부되어 있었다. 그들은 죽음에 대해 거리를 두면서 죽음의 비인격적 원인이 무엇인가에 대해서는 질문하지 않았다. 격한 감정 시비가 있는 곳에서는 어디나 그러한 것처럼 누가 잘못했는지가 밝혀져야 했다. 그자가 누군지를 알 경우에만 복수가 가능하고 죽음으로 인해 격앙된 열정을 해소시킬 수 있기 때문이다. 비인격적 원인에 대해서는 복수할 수 없다. 이러한 종류의 충동은 순박했던 사회에서 사람들의 행동과 사고에 직접 영향을 미쳤는데, 발전된 사회에 살고 있는 성인들의 행동에도 여전히 어느 정도는 영향을 미친다. 그러나 이 경우에 행동을 직접 통제하지는 않는다. 어린아이들을 보면 이 점이 잘 드러난다. 하지만 아이들은 아직 신체적으로 약하기 때문에 그들의 충동적 열정은 어른들의 눈에 잘 띄지 않는다. 더욱이 아이들은 행동하고자 하는 소망과 이루어진 행위 간의 차이, 환상과 현실의 차이를 적절히 구분하지 못한다. 자연스럽게 끓어오르는 증오와 죽음의 소망은 아이들에게 신비한 힘을 가지고 있다. 아이들에게는 살인의 소망 자체가 살해하는 것을 의미한다. 우리 사회의 아이들은 가끔 그러한 소망을 공개적으로 표현하기도 한다. 내 친구의 아들 중 한 명은 흡족한 표정을 지으며 "그러면 우리가 아빠를 쓰레기통에 넣어버리자. 그러고 나서 뚜껑을 닫아야지"라고 말했다. 아마 그 애의 아버지가 실제로 사라졌다면 아이는 죄의식을 느꼈을 것이다. 또다른 친구의 어린 딸은 만나는 사람마다 엄마가 몹시 아프고 그래서 수술을 받아야 하는 것이 자신의 잘못이 아니라고 설득하고 다녔다.

여기서 우리는 오늘날 죽어가는 사람 앞에서 사람들이 느끼곤 하는 꺼림칙한 기분이나 (여기에 추가되어야 할) 죽어가는 사람, 무덤, 묘지가 일부 사람들에게 주는 특별한 매력이 어떻게 해서 생겨나는지 잘 알 수 있다. 후자를 둘러싼 환상은 다음과 같은 말로 대충 요약할 수 있다. '나는 그들을 죽이지 않았다!' 한편 죽어가는 사람이나 무덤이 인접해 있을 경우 사람들은 가끔 자신의 죽음에 대한 공포뿐 아니라 억압되어 있었던 죽음-소망과 죄의식을 느끼게 된다. 즉 '그 혹은 그녀가 죽은 것은 내 잘못이 아닐까? 그들을 미워하면서 나는 그들이 죽기를 바랐던 것은 아닐까?' 하는 물음으로 요약할 수 있는 감정이 드는 것이다.

질병과 죽음에 대한 비인격적·객관적 설명에 반하는 신비스러운 체험은 오늘날과 같이 발달된 산업사회의 성인들에게서도 찾아볼 수 있다. 예컨대 부모의 죽음은 성인들에게도 강한 심리적 충격을 준다. 그것은 아마 부분적으로 아이와 부모, 혹은 그 외 강한 감정적 유대를 가진 사람들이 이루는 심층적인 동일시 현상과 연관이 있을 것이다. 즉 타인의 체험을 자신의 것으로 혹은 자신의 연장선에서 경험하기 때문일 것이다. '내 몸이나 다를 바 없었던' 친한 동반자를 잃어버린 느낌은 매우 다양한 관계들에서 발견된다. 그것은 오랫동안 결혼생활을 한 부부, 친구, 형제자매, 부모자식 사이에서 발견된다. 그러나 마지막 경우에서 아버지 혹은 어머니의 죽음은 잊혀지고 묻혀졌던 죽음-소망이 죄의식과 결부되어 나타나고 어떤 경우에는 처벌의 공포와 결합되기도 한다. 이 감정이 극도로 고양될 경우, 개인의 불멸성이라는 보상적 환상은 약화되기도 한다.

앞서도 말했듯이 개인의 불멸성 환상은 최근에 와서 본격화되는 사회적 개인화 과정과 결합되어 더욱 빈번하게 나타나고 있다. 그러나 고도로 제도화된 집합적 불멸성 환상은 현재 우리 사회에서 다소 활력을 잃은 상태이지만 여전히 지속되고 있다. 누군가 죽었을 때 사람들이 아이들에게 말해줄 수 있는 사회적으로 적절한 표현에 대해 한 교과서는 다음과 같이 쓰고 있다.

> "할아버지는 천국에 계신단다." "엄마는 하늘에서 너를 굽어보고 계신단다." "네 여동생은 천사가 되었단다."[12]

이 예는 인간 존재의 돌이킬 수 없는 유한성을 집합적 소망의 관념으로 은폐하는, 특히 어린이들이 알지 못하게 감추는 경향, 즉 철저한 사회적 검열을 통해 확실히 은폐해버리려는 경향이 우리 사회 속에 이미 안착해 있음을 보여준다.

10

복잡한 사회 통제 구조로 에워싸인 또다른 사회적·생물학적 영역인 성적 관계의 영역에서도 최근 들어 눈에 띄게 뚜렷한 변화가 나타났다. 이 영역에서도 예전에 자명하고도 필수 불가결한 것으로 간주되었던 수많은 문명의 장벽들이 무너졌다. 옛날에는 절대 금기의 영역이었던 행동이 이제는 사회적으로 용인된다. 성 문제는 이제 어린이들과도 진솔하게 토론할 수 있을 정도로 공개적인 것이 되었다. 과거에 국가나 교회는 성적인 행위의 비밀성과 그것을 둘러싼 수많은 금기를 지배 수단으로 이용했다. 그러나 빅토리아 시대에는 상상조차 할 수 없었을 정도로 현재 성행위의 영역은 개방되었고, 일상적으로 말하고 행동할 수 있는 영역이 되었다. 이 영역에서 개방성의 확대는 사회적 실천의 측면에서나 경험적·이론적 연구의 영역에서 새로운 문제를 던져주었으며, 이로써 새로운 실험과 새로운 해결책을 모색하는 시기가 도래했다. 어쩌면 이러한 시도를 통해 성의 영역에서 사회적 규제가 어떤 기능을 하는지를 개인의 발달과 공동체 생활과 관련해서 보다 정확히 밝힐 수 있을 것이다. 전통적인 방식의 성 규제체계는 문명화 과정의 전개 속에서 형성되었으며, 어떤 계획이나 예정에 의해 진행된 것은 아니었다. 그러나 이 전통적 성의 규제체계가 특수한 헤게모니 집단, 특수한 권력연관 속에서 작동해왔다는 점은 이미 잘 알려진 사실이다. 즉 전통적 성의 규제체계는 군주와 신하, 남성과 여성, 또는 부모와 자식 관계 속에서 작동했다. 한 집단이 강고한 권력을 쥐고 있는 동안은 그 규제체계가 영원한 도덕적 계율의 지위를 가지고 있었겠지만 권력관계의 변동이 발생했을 때는 예전의 기능과 설득력을 상당 부분 상실했다. 이러한 변화로 인해 성의 영역에서 다른 행동 규준을 실험하는 것이 가능해졌으며, 보다 평등하게 조성된 함께 살아가는 방식, 즉 본능의 통제와 충족 사이에서 좌절이 덜한 방식으로 또다른 유형의 자기통제 규준을 실험해보는 것이 가능해졌다.

성적 금기의 상당 부분이 그 기능을 상실하고 그로 인한 이완 현상이 가장 잘 나타나는 곳은 청소년 교육과 청소년에 대한 성인들의 태도이다. 20세기 초 이 문제들을 둘러싸고 성인들과 아이들을 가로막았던 침묵의 장벽은 거의 난공불락에 가까웠다. 사춘기 청소년들끼리의 성적 관계가 발각되면 그들은 심한 처벌을 받기도 했다. 성은 기껏해야 아이들이 끼리끼리 얘기하는 비밀의 영역이었고 어른들, 특히 부모들과의 대화는 거의 불가능에 가까웠으며 교사와는 아예 대화가 불가능했다. 성을 은폐하려는 사회적 강박, 미혼인 청소년들의 성충동에 가해진 엄중한 사회적 압력, 아이들은 물론이고 어른들까지도 규범 구조가 요구하는 성충동의 통제에 실패했을 경우 사방에서 엄습하는 갖가지 사회적 위험 등으로 인해, 개인들은 때로 격렬하고 열정적인 욕망을 가지고 한동안 혼자 씨름해야 했고 길고 긴 사춘기를 갈등과 혼란의 격랑 속에서 보내야 했다. 이러한 현상은 자연의 당연한 명령으로 생각되었다. 오늘날 이 현상은 도덕의 사회적 규약이 바뀌는 과정에서 겪게 되는 사춘기적 현상임이 점점 더 분명해지고 있다.

한편, 성의 영역을 둘러싼 비밀 역시 줄어들었다. 오늘날 부모와 교사는 사회적 금기를 깨뜨리지 않고 혹은 개인적 수치심과 당혹감이라는 높은 장벽과 씨름할 필요 없이(나이에 따라 차이는 있지만) 아이들과 성 문제를 자연스럽게 이야기할 수 있다. 아기가 어디에서 나오냐고 아이들이 물을 때 더 이상 모호한 대답이나 거짓말로 대답을 회피할 필요가 없어진 것이다. 다시 말해, 20세기 들어 성이라는 인간 사회적 삶의 위험지대에서 사회의 통제, 사회적 관행, 개인적 양심의 유형이 서로서로 결합되면서 상당한 변화가 발생했다. 은폐와 억압의 전략, 특히 지위와 권력을 가지고 있는 기성세대와 새로운 세대들 간의 관계에서 이 전략은 자명하고 또 인간 사회의 존속에 필수적인 것, 즉 도덕 자체로 간주되기도 했지만, 이제 그것이 특수한 권력 구조에 기초한 사회를 지탱시키던 기능적 고리였음이 밝혀졌다. 이 권력 구조(지배와 피지배)가 바뀌어 한층 더 평등한 권력 구조가 나타나면서 억압 전략 역시 바뀌었다. 빅토리아 시대 성생활을 둘러싸고 있던 드높던 수치감과 당혹감의 물결이 어느 정도 가라앉고 공적인 비밀 보장책을 대신해 열린 토론과 개방적 행위가 나타났지만, 그렇다고 해서 질서가 무너지고 혼란이 닥쳐온 것은 아니다.

11

죽음이라는 문제에 관한 한, 죽음을 특정한 영역에 가두어놓고 고립시키고 숨기려는 경향은 19세기 이래 크게 바뀌지 않았으며, 어쩌면 더 강화되었다고 할 수 있다. 사회 발전의 다양한 단계들에 존재했던 여러 생물학적·사회적 위험지대를 비교할 때에만 사회적 삶의 다양한 영역에서 불균등하게 진행되는 금기의 등장과 해제, 공식화 과정, 비공식화 과정의 출현과 쇠퇴를 파악할 수 있다. 죽음의 위험이 사람들의 체험 구조 속에서 본능의 위험과 밀접하게 연관되어 있다고 할지라도 사정은 마찬가지다. 오늘날 사람들이 죽어가는 것, 죽음과 마주쳤을 때 보이는 방어적 태도와 당혹감은 빅토리아 시대 사람들이 성생활의 특정 측면과 직접 대면했을 때 느끼는 반응에 비견할 만하다. 성생활에서는 제한된 형태이지만 상당한 정도의 이완이 나타났다. 성을 둘러싼 사회적 억압과 개인적 수준에서의 억압 역시 예전처럼 엄격하거나 엄청나지 않다. 분명 죽어가는 사람, 죽음과 공개적이고도 더욱 느슨해진 관계를 맺으려 한다면, 이 과정에서 발생하는 저항은 성의 경우보다 훨씬 클 것이다.

체감되는 위험의 수준이 다르다는 점이 여기서 한몫하고 있다는 주장도 있다. 제한되지 않은 혹은 지나치게 제한된 성이 가하는 위험은 부분적인 위험이라고 할 수 있다. 강간범이나 성적으로 좌절한 사람들은 타인에 대해 그리고 그들 자신에 대해 위협적일 수 있지만, 일반적으로 그 때문에 죽지는 않는다. 이 경우에도 어쨌든 삶은 계속되는 것이다. 이러한 종류의 위험과 비교할 때, 죽음의 위험은 총체적이다. 죽음은 한 인간의 절대적 종말이다. 따라서 죽음을 탈신화화하는 것에 대한 저항이 더 커진 것은 체감된 위험의 크기가 더 커진 데에도 이유가 있다.

그러나 우리가 이 문제에 대해 성찰할 때 명심해야 하는 것은 죽음에 대한 공포와 경악이 실제의 죽음 그 자체 때문이 아니라 죽음에 대해 미리 가지고 있는 이미지 때문이라는 점이다. 지금 현재 내가 고통 없이 죽을 수 있다면 그것은 적어도 나에게 공포스러운 것은 아닐 것이다. 더이상 여기에 존재하지 않고 따라서 어떤 공포도 느낄 수 없을 것이다. 공포와 두려움은 살아 있는 사람의 의식 속에 있는 죽음의 이미지에 의해서만 불러일으켜진다. 죽은 자에게는 공포도 기쁨도 존재하지 않는다.

따라서 앞서 논의했던 삶의 두 측면 간에는 근본적인 연관이 존재한다. 그것은 쉽게 간과되는 측면이기도 하다. 성과 죽음 양자는 특정 사회에서 특정한 방식으로 나타난다. 즉 인간성의 발전 과정에서, 그리고 이 발전의 한 양상인 문명화 과정에서 인간이 도달한 특정 단계에 나타나는 경험과 행위에 의해 구성된 생물학적 사실이다. 모든 개인은 나름대로 공통의 사회적 패턴을 습득한다. 사람들이 죽음과 맺는 관계에서 결정적인 것이 단지 죽음이라는 생물학적 과정이 아니라 진화 과정의 특정 단계에 고유한 죽음의 관념과 그에 결부된 태도라고 한다면 죽음은 사회학적 문제로 더욱 뚜렷이 부각될 것이다. 그렇게 된다면 적어도 현대사회가 가지고 있는 독특한 특성과 그와 연관된 인성 구조를 쉽게 인식할 수 있다.

이를 통해 우리는 선진 사회에서 사람들이 가지는 죽음 이미지의 특수성을 설명할 수 있을 뿐 아니라 죽음에 대한 사회적 억압의 본질과 그 정도를 설명할 수 있다.

12

현대사회의 특수성에는 첫째, 앞서도 말했듯이 선진 사회에 속한 개인들의 수명이 포함된다. 평균 기대 수명이 75세인 우리 사회에서 20대나 30대에 죽는다는 것은 생각하기 어려운 일이다. 기대 수명이 40세였던 사회라면 사정이 다를 것이다. 전자의 경우 사람들은 자신의 삶이 아직 많이 남아 있다고 생각하면서 죽음이라는 관념을 멀리할 테고 이는 납득할 만한 일이다.[13] 모든 생명체가 그러하듯, 선진 사회에서도 죽음의 객관적 위협은 항상 존재한다. 그러나 그것은 잊혀질 수 있다. 이 사회의 많은 영역에서 죽음은 충분히 멀리 떨어져 있다. 이와 달리, 낮은 기대 수명을 가진 덜 발전된 사회에서 그 불확실성은 훨씬 크다. 이들 사회에서 삶은 짧고 죽음의 위협은 계속 의식 속을 비집고 들어오며, 죽음에 대한 생각이 만연해 있다. 그리고 육신과 목숨을 보전해야 한다는 불안을 대개 은밀한 방식으로 제어하는 마술적 관행, 대단히 안전하지 못한 그런 관행들이 널리 확산된다.

이 주제와 관련된 현대사회의 두번째 특수성은 자연적 과정의 마지막 단계인 죽음의 체험이다. 현대사회에서 죽음의 체험은 위생적 표준을 높여놓은 의학과 각종 실질적 조치에서의 진보를 통해 중요성을 획득했다. 순리에 따르는 자연적 과정이라는 관념은 그 자체 지식과 사회 발전의 특정 단계에 나타난 특수한 것이다. 이러한 자연의 관념은 발전된 사회에서 너무도 당연시되기 때문에 사람들은 자연의 확고부동한 법칙에 대한 신뢰가 안전감을 만들어낸다는 사실, 자연적 현상에 대한 그러한 안전감은 과학 사회를 살아가는 이들에게 특징적으로 나타나는 현상임을 알지 못한다. 우리는 이러한 안전성 수준을 당연하게 받아들이기 때문에, 그리고 그것이 아마도 인간의 이성에서 나온다고 생각하기 때문에 자연적 연관 속에서 발생하는(옛날 사람들은 그렇게 생각하지 않았다) 사건들에 당면해서 과학 사회 이전의 사람들이 왜 그렇게 불안해했는지 이해할 수 없는 것이다. 선진 사회에 만연한 죽음의 이미지는 이같이 안도감을 주는 과학적 지식에 크게 영향받았다. 사람들은 언젠가는 죽음이 닥친다는 점을 잘 안다. 그러나 그 종말이 자연스러운 과정이라는 점을 알기 때문에 불안을 완화시킬 수 있다. 자연적 과정이기 때문에 어쩔 수 없다고 할지라도 그 과정이 어느 정도 통제될 수 있다는 점을 알기 때문에 위안을 얻는 것이다. 이전과는 달리 오늘날 죽음은 의사의 의술, 식이요법, 약물치료에 의해 연기될 수 있다. 오늘날처럼 사회 전 영역에서 과학적으로 생명을 연장하는 방법이 끝없이 토론된 적도 없었다. 만병통치약과 젊음의 샘에 대한 꿈은 매우 오래된 것이다. 그러나 오늘날에 와서야 그것은 과학적 혹은 의사과학적 형태를 띠게 되었다. 오늘날 죽음은 불가피한 것이라는 앎은 의학과 보험에 의해 죽음을 연기시키려는 시도와 이것이 성공할지도 모른다는 희망으로 뒤덮여 있다.

13

이와 같은 현대사회의 구조적·경험적 특성과 밀접하게 결부된 것이 세번째 특수성이다. 이것은 죽음에 대한 이미지와 그 태도에서 나타나는 특성과 연관되어 있다. 이 세번째 특수성이란 현대 선진 사회에서는 내적으로 폭력이 크게 진정되었다는 점이다. 이들 사회의 구성원이 대개 매우 특수한 형식으로 죽음을 상상한다는 사실은 이 점과 연관되어 있다. 이 과정을 생각할 때 사람들은 먼저 병과 노화로 인해 침상에 누워 평화롭게 죽는 것을 생각할 것이다. 죽어가는 과정의 자연적 성격을 강조하는 이와 같은 죽음의 광경이 정상적인 것으로 나타나는 반면, 다른 사람의 손에 죽는 것과 같은 난폭한 죽음은 예외적이고 끔찍한 것으로 나타난다. 대부분의 사람들은 타인의 폭력으로부터 자기 몸을 지키는 안전성이 현재 우리 사회처럼 컸던 적이 없었다는 사실을 분명하게 인식하지 못하고 있다.

현대사회 구성원은 타인의 폭력으로부터 꽤 안전하게 보호받고 있으며, 폭력에 의한 죽음을 예외적인 일, 범죄와 관련된 일로 본다. 이것은 사람들의 개인적 직관을 통해 나온 것이 아니라 매우 특수한 사회 조직으로부터—물리적 폭력의 비교적 효율적인 독점으로부터—나온다는 것을 지적하는 것이 필요하다. 그 독점은 하루아침에 이루어진 것이 아니다. 그것은 오랫동안, 대개의 경우 계획되지 않은 과정을 거쳐 나타났다. 현대 선진 사회에서 폭력은 지배자가 허용하는 특정 집단만이 사용하는 단계에 도달했다. 많은 경우 경찰과

군대만이 처벌받지 않고 무기를 휴대할 수 있으며, 특정 경우에 한하여 그것을 사용할 권한을 가진다. 대충 지난 이삼백 년 동안의 발전 과정 속에서 유럽의 국가 조직과 그 후속적 조직 형태들은 무력을 효율적이고 독점적으로 통제할 수 있는 수준과 유형을 획득했으며, 이로써 인간관계에서 어느 정도 열정을 제한하고 폭력을 배제할 수 있었다. 이 사실은 현재 당연하게 받아들여지지만, 상품의 생산과 분배에 내재한 인간관계가 경제적 관계의 특성을 가지게 된 것도 다 이러한 과정의 결과이다. 왜냐하면 물리적 폭력에 의한 직접적 강제가 약탈, 전쟁, 노예제 등의 형태 속에서 상품의 생산과 분배를 결정하던 때에는 이 과정들이 우리가 경제적이라고 부르는 특성을 가질 수 없었기 때문이다. 그 과정은 거의 계산 불가능했고, 경제학을 지탱하는 기본 원리이자 사회의 특정 영역으로서 비폭력적인 '경제'에 내재해 있는 반복적이고 양화 가능한 규칙성이란 존재하지 않았다.

물리적 폭력을 독점하는 고도로 전문화된 기구가 없는 사회, 특히 전사戰士 사회의 경우 다른 사람에 대한 물리적 공격은 사회생활을 이루는 정상적인 부분이었다. 그 사회의 모든 구성원이 그랬던 것은 아니겠지만 적어도 상층부의 사람들은 타인을 상대하기 위한 필수 장비로 무기를 휴대하고 다녔다. 육체적으로 허약하거나 무력한 사람들, 노인, 여성, 아이들은 대부분 집, 성, 부족 마을, 혹은 자기네 사람들이 살고 있는 도시 구역의 울타리 안에서 살았다. 특별한 보호가 있을 때만 그들은 밖으로 나갈 수 있었다.

그 사회에서 인성 구조의 발전은 고도로 조직화된 산업

사회와는 다른 양상을 띤다. 적어도 남자들의 경우 언제라도 공격이나 방어에 나설 태세를 갖추고 있었을 가능성이 높았고, 타인과의 유혈극에서 사망할 가능성이 상존했으며, 침상에서 평화롭게 죽어가리라고 생각하는 것이 오히려 예외적이었다. 여기에서도 우리는 인성 구조 및 그것과 관련된 개념—여기에는 죽음의 이미지도 포함된다—즉 현재 우리가 당연시하면서 보편적 인간 속성이라고 간주하는 관념들이 사실상 오랜 사회적 과정을 통해 매우 서서히 모습을 갖추게 된 특수한 사회 구조에 의해 크게 영향을 받고 있다는 사실을 알 수 있다.

그럼에도 불구하고 폭력이 아주 억제된 사회에서조차 침상에서 죽을 것이라는 기대는 일반적으로 생각하는 것과는 다르다. 꽤 높은 수치를 기록하고 있는 사고 및 살인 통계를 차치하더라도, 집단 간 갈등이 폭력적 해결로 치닫는 경우가 우리 시대에도 늘어나고 있다. 그 갈등 당사자들은 적을 죽이고 자신의 집단 구성원을 희생해야만 갈등이 해결될 수 있다고 생각하며, 이와 같은 생사를 건 전투는 평화시라 할지라도 대개 계획·준비되고 있다.

그러므로 우리 시대가 안고 있는 문제 중에서도 특히 주목해야 하는 것은 타인을 죽이는 것이 엄격히 금지되고 엄중한 처벌을 받는 상황에서부터 국가나 당, 혹은 기타 집단에 의해 타인의 살상이 사회적으로 용인될 뿐 아니라 노골적으로 요구되는 쪽으로 상황이 바뀌었을 때 사람들의 심리적 상태가 변화한다는 점이다.

문명화 과정, 즉 죽어가는 것과 죽음이 사회생활의 배후로 철저히 밀려나고 상대적으로 강한 당혹감과 엄격한 언어적 금기에 의해 가두어지게 된 과정에 대해 정의하려 한다면, 다음과 같은 사실을 반드시 덧붙여야 할 것이다. 양차 세계대전의 경험과 그보다 더 강렬했던 강제수용소의 경험은 살상을 금지하고 죽어가는 자와 죽은 자를 가능한 한 정상적인 사회적 삶으로부터 격리시키려 했던 도덕의식Gewissensbildung이라는 것이 얼마나 허약한지를 보여준다. 우리 사회에서 죽음을 억압하는 것과 관련된 자기통제의 기제는, 권위주의적이고 집합적인 도그마와 신념에 기초한 국가(혹은 종파, 전투 집단)가 나타나서 외적 강제 기제를 통해 삽시간에 그 경로를 틀고 살상을 명한다면 얼마 못 가서 산산조각 나버린다. 양차 대전에서의 살상과 죽어가는 사람들, 죽음에 대한 민감성은 얼마 못 가서 많은 사람들의 의식 속에서 빠르게 증발해 버렸다. 강제수용소의 간수들이 어떻게 매일 저질러지는 대량학살에 대해 심리적으로 적응할 수 있었는가는 아직 밝혀지지 않은 문제이며 면밀한 연구가 필요한 부분이다. 그 문제는 종종 그 사건에서 누구에게 잘못이 있었는가로 초점이 흐려지기도 했다. 그러나 보다 사실적인 차원에서 이 문제를 제기할 필요가 있으며, 이것은 사회적 실천의 일환으로서 그와 같은 사건의 재발을 방지하기 위해 각별한 중요성을 가진다. 이 문제에 대한 전형적인 대답 '나는 명령에 따랐을 뿐이다'는 개인의 양심 구조가 국가의 외적 강제 기제에 여전히 의존하고 있음을 여실히 보여준다.

14

현대사회가 가진 네번째 특징으로서 죽음에 대해 사람들이 가지고 있는 특수성을 설명하는 데 언급이 필요한 사실은, 이 사회가 고도로, 그리고 특수한 유형으로 개인화된 사회라는 점이다. 개인의 기억 속에 있는 죽음의 이미지는 그 사회에 만연한 자기 자신에 대한 이미지, 인간 존재에 대한 이미지와 밀접하게 연관되어 있다. 현대사회에서 사람들은 대개 자신을 기본적으로 독립된 개별 존재, 창문 없는 단자, 고립된 '주체'로 간주한다. 이 경우 다른 모든 사람들을 포함한 전체 세계는 '외부 세계'에 위치한다. 사람들의 '내부 세계'는 이 '외부 세계'와 단절되어 있고, 마치 보이지 않는 벽에 의해 타인들로부터 격리되어 있는 것과 같다.

자신을 체험하는 이 특수한 양식은 문명화 과정의 최근 단계에 특징적인 '갇혀 있는 인간Homo Clausus'이라는 자기 이미지로서, 이것은 마찬가지로 특수하다고 할 수 있는 자기 자신의 죽음을 예견하는 방식 그리고 죽어가는 실제 상황에서의 행동과 밀접한 연관을 맺고 있다. 그러나 죽어가는 것에 대한 연구—여러모로 사회적 억압과 연관이 있는 연구—는 초보적인 수준에 머물러 있다. 죽어가는 사람이 무엇을 경험하고 무엇을 필요로 하는가, 그리고 그러한 경험과 필요가 그들의 삶의 방식 및 자기 이미지와 어떤 연관을 맺고 있는가라는 문제를 이해하기 위해서는 많은 연구가 필요하다. 실존주의자들은 다소 위장된 형식으로 '신비' 혹은 '무'의 개념을 사용하면서 종종 죽음 앞에 선 인간 존재의 의사유아론적 이미지를 투사했다. '부조리극'에서도 동일한 것을 발견할 수 있다. 그 주창자들 역시 암묵적으로—가끔은 명시적으로—한 개인의 삶이란 무엇인가에 대한 나름의 가정에서 출발한다. 그들의 입장은 사회 세계와 절연되어 신비롭게 봉합된, 근본적으로 고립된 개인의 삶은 반드시 어떤 의미를 가지며, 오로지 그 자체로 그리고 그 자신만을 위해 예정된 의미를 가진다는 것이다. 그들은 고립된 개별 인간의 의미를 찾으려 한다. 그들이 이러한 종류의 의미를 발견하지 못한다면, 인간 존재는 무의미한 것으로 보인다. 그때 그들은 환상에서 벗어났다고 느낀다. 그들의 입장에서 본다면, 인간 삶의 의미 없음은 대개의 경우 모든 인간이 죽을 수밖에 없다는 사실에서 가장 극명하게 나타난다.

의미 없는 삶을 산다고 느끼는 사람이 있다면 그가 죽을 때도 의미 없는 존재로 죽을 것이라는 점은 납득이 가는 일이다. 그러나 의미 개념을 이렇게 이해하는 것은 그들이 가지고 있는 인간 존재에 대한 이미지만큼이나 잘못된 것이다. 여기서의 '의미' 범주에도 '갇혀 있는 인간'의 이미지가 찍혀 있다. 모든 자료들이 의미를 가지는 것은 언어를 통해서이고 한 인간의 삶 역시 언어를 통해서만 다른 이들의 삶에 의미를 가지게 된다는 이 특별한 사실은 상당 기간 동안 수많은 철학적 성찰의 주제가 되어왔다. 그러나 극소수의 예외를 제한다면 이 성찰들은 진공상태의 한 개인, 고립된 단자, 봉합된 '자아', 나아가 일반적인 수준에서 고립된 인간 존재 일반 혹은 보편적 의식 등을 의미의 '주체'로 놓음으로써 의미의 문제에 접근하려 했다. 그 결과 모든 개인은 그 자신, 정확히는 고립된 단자로서 의미를 가져야 한다는 생각이 명시적으로 혹은 암묵적으로 제시되었으며, 이 의미가 발견되지 않았을 경우 인간 존재의 무의미성에 대한 한탄이 나오게 되었다.

그러나 '의미'라는 범주는 고립된 인간 존재 혹은 그로부터 도출되는 보편자에 준거해서 이해될 수 없다. 우리가 의미라고 부르는 것은 이러저러한 식으로 서로에게 의존하고 서로 의사소통을 하면서 집단생활을 하는 사람들에 의해 구성된다. '의미'는 사회적 범주이다. 그것에 귀속된 주체는 상호 연관된 복수의 사람들이다. 상호작용 과정에서 서로에게 송신하는 기호는 집단별로 차이가 있을 수 있지만 일정한 집합적 의미를 공유한다.

공통의 언어를 말하는 인간 집단은 의미 문제를 논하는 모든 토론의 출발점이자 기본 모델이다. 언어를 통한 의사소통은 인간의 독특한 특징이며, 의미의 추구만큼이나 독특한 현상이다. 세상의 어떤 생명체도 이러한 방식으로 의사소통을 하지 못한다. 어떤 생명체도 집단 특수적으로 학습된 감각 패턴에 (마찬가지로) 집단 특수적으로 학습된 의미를 부여하지 않으며, 그것을 지배적 의사소통 수단으로 사용하지도 않는다. 인간을 제외한 모든 생명체는 학습되지 않은, 그 종에 특수한 신호를 의사소통 수단으로 사용한다. 인간 사회에서는 한 인간이 만들어낸 음성 패턴은 다른 인간들에게 '의미'를 가진다. 그러나 그 음성 패턴이 의미를 가지게 되는 것은 발신자와 수신자 모두 동일한 기억 영상 혹은 동일한 의미를 특수한 음성 패턴의 체계와 결합시킬 경우에만(그렇기 때문에) 가능하다. 가장 기본적인 이 '의미' 형식에서 우리는 의미의 사회적 특성을 분명히 볼 수 있다. 만일 영어를 사용하는 사람이 '지금 몇 시입니까?'라는 음성 패턴을 만들어낸다면, 이 감각 패턴을 듣는 다른 영어 사용자는 화자가 가지고 있는 것과 동일한 이미지를 연상해내서 '정확히 4시 15분입니다'와 같은 적절한 이미지 전달용 음성 패턴으로 대답할 것이라고 기대할 수 있다. 만일 파리 시내에서 영어로 '지금 몇 시입니까?'라는 음성 패턴을 만들어낸다면 사람들은 아무 대답도 하지 않거나 물끄러미 쳐다보기만 할 것이다. 그 소리는 상이한 사회적 배경에서는 의미를 가지지 않을 것이다. 모든 인간은 어린 시절부터 줄곧 메시지를 송수신하는 수단으로서 집단 특수적인 상징 코드, 즉 '언어'를 학습함으로써 다른 사람들과 묶인다. 각 개인은 제한된 범위 내에서 개별적으로 그 의미를 변용할 수 있지만 너무 멀리 나간다면 현재나 미래에 의사소통 능력을 상실하고 의미도 잃어버리게 될 것이다.

개별 인간의 삶에서, 그 삶이 다른 사람들에게 의미하는 바와 동떨어진 어떤 의미를 찾으려는 시도는 헛되다. 사회적 삶의 영역에서 자신의 삶이 다른 사람들에게 의미를 가진다는 느낌과 인식, 그리고 자신의 삶에 다른 사람들이 의미를 부여하고 있다는 느낌과 인식은 서로 연관되어 있다. 이러한 견지에서 우리가 한 인간의 삶을 일컬어 '의미 있다' 혹은 '의미 없다'라고 하는 것은 그 사람의 존재와 행동이 다른 사람들에게 가지는 중요성과 밀접하게 연관되어 있음을 쉽게 이해할 수 있다. 그러나 자아에 대한 성찰 속에서 이러한 이해는 쉽게 증발해버릴 수 있다. 고도로 개별화된 현대사회 구성원들에게는 자신이 다른 사람들, '외부 세계'와는 별도로 외로이 존재한다는 감정이 만연해 있고, 그것과 더불어 개인—그 자신—은 전적으로 독립된 하나의 의미를 가져야 한다는 관념이 팽배해 있다. 이러한 자기체험의 양식에 기초한 전통철학 그리고 그것을 잘 보여주는 저작들은 실천의 수준에서는 자명한 것으로 나타나는 사실을 그들의 보다 고차적인 철학적 성찰에는 포함시키지 못하고 있다. 즉 한 개인은 다른 개인들 및 '대상들'과 더불어 세계 속에 살아가고 있다는 점을 성찰하지 못하는 것이다.

모든 인간 존재는 '외부의' 동식물에 의존해서 살아가며, '외부의' 공기를 마시고 '외부의' 빛과 색깔을 본다. 그 또는 그녀는 '외부'의 부모로부터 태어났고 '외부' 사람들을 사랑하고 미워하며 친구로 삼거나 적으로 만든다. 사회적 실천의 수준에서 사람들은 이것을 잘 알고 있다. 그러나 보다 초연한 성찰 속에서는 이러한 경험이 종종 억압된다. 복잡한 사회를 살아가는 개인들은 종종 자신의 '내적 자아'가 이 '외부 세계'와 완전히 분리된 것으로 경험한다. 사실 강력한 철학적 전통이 이 환상적 이분법을 정당화한다. 이것은 의미에 대한 논의에도 심대한 영향을 미쳤다. '의미'는 대개 닫힌 개인의 '내면세계'로부터 온 메신저로 간주되었다.

이로부터 온전히 자율적인 존재라는 개인의 왜곡된 자기 이미지가 나오고, 이것은 외로움과 고독함 같은 매우 실제적인 정서를 반영한다. 이러한 경향성은 현대사회를 살아가는 사람들의 특수한 인성 구조와 현대사회에 만연한 고도의 개인주의에서 나타나는 특징이다. 모든 영역에 걸친 자기통제가 이 사회에서 자라난 사람들에게 깊숙이 자리잡았기 때문에, 그것은 타인과 사물을 향한 정감과 자연스런 충동을 봉쇄하고 그 결과 그들로부터 개인을 격리시키는 장벽이 실제로 존재하는 것처럼 느껴지게 된다.

지금까지 죽어가는 자의 고독이라는 문제는 주로 산 자의 태도와 관련해서 고찰되었다. 그러나 이는 보완될 필요가 있다. 현대사회에서 외로움과 고립감의 경향은 죽어가는 사람 자신의 인성 구조에서도 종종 발견되는 탓이다. 물론 여기에는 계급, 성, 세대에 따른 차이가 늘 존재한다. 그 경향은 특히 일반인보다 지식인층에서, 노동계급보다 중간계급에서, 여자보다 남자에게서 더 일반적이라고 생각할 수도 있다. 그러나 현재로서 이 가정은 단지 추측이다. 다만 이는 지금껏 다뤄지지 않았던 문제들에 관심을 기울이고 그것을 망각해서는 안 된다는 취지를 보여준다.

그렇지만 이처럼 사회 전반이 평화로워지고 공동체적 삶이 모든 것을 아우르면서 본능적 충동의 폭발을 통제하고 어떤 격렬한 감정도 절제하기를 요구하는 사회에서는 계급에 따른 차이, 그리고 서로 다른 집단의 차이를 초월하는 공통적 특징이 사람들의 인성 구조에 존재한다. 그 특징들은 문명화의 다른 단계에 있는 사회들과의 비교를 통해서만 비로소 분명하게 드러난다. 이 공통 특징에는 고도의 개인주의화, 본능적·감정적 충동에 대한 포괄적·지속적 통제, 그리고 고립화의 경향 등이 포함되며, 이 경향들은 인성 구조의 변화와 더불어 전개되었다.

죽어가는 사람들에게서도 이 경향을 살펴볼 수 있다. 그들은 이 경향을 묵묵히 따르기도 하고, 또는 자신이 죽어가고 있다는 바로 그 이유 때문에 마지막 순간에 이르러 그 벽을 허물기도 한다. 그렇다고 할지라도 그들은 어느 순간보다도 일정 범위 내에 있는 사람들에게 자신이 아직도 의미 있는 존재라는 느낌을 가장 필요로 한다. 그들에게 지나친 동정은 무관심만큼이나 참기 힘든 것이다. 우리 사회에서 죽어가는 사람들이 산 자에 대해 느끼는 당혹감과 침묵을 지적하지 않으면서, 단지 죽어가는 사람에 대한 산 자의 태도만을 문제삼아 문명화 과정이 빚어낸 특수한 혐오감과 침묵을 논하는 것은 옳지 않다.

15

서구 선진 사회에서 죽어가는 것과 죽음의 체험이 가진 특수성은 개인주의화 과정을 언급하지 않고는 적절히 이해할 수 없다. 개인주의화는 르네상스 시기에 시작되어 많은 변천을 거치면서 오늘날까지 지속된 강력한 과정이다. 개인주의화의 초기 단계에서 우리는 활기찬 삶과 고독한 죽음이라는 대조적 관념을 찾아볼 수 있다. 예를 들어 오피츠의 시를 보자.

> 나는 가진 것이라고는 없지만
> 그래도 좋은 포도주 한 병을 가지고 있네
> 그거라면 친구들과 즐길 수 있겠지
> 죽을 때는 외로이 혼자라고 할지라도.[14]

여기서 '외로이'라는 표현, 즉 다른 이들과 어울려 즐겁게 지낼 수 있지만 죽을 때는 외로울 수밖에 없다는 관념은 오늘날 너무 자명한 것이어서 이 시에서 시대와 장소를 뛰어넘는 공통된 인간 체험을 확인할 수도 있다. 그러나 이 관념은 결코 인간 발전의 모든 단계에 공통적으로 나타나는 것이 아니다. 사람은 왜 죽을 수밖에 없는가에 대한 해답을 찾으려는 인간의 노력에 비한다면 그것은 훨씬 덜 보편적이다. 그런 노력의 최초 판본이라고 할 수 있는 기원전 2000년경 수메르족의 길가메시 서사시〔세계에서 가장 오래된 바빌로니아의 서사시로 주인공 길가메시는 수메르의 전설적인 왕이다〕에서도 '인간은 왜 죽는가'라는 질문은 핵심적인 것으로 등장한다. 이와는 대조적으로 '외로이' 죽는다는 관념은 비교적 최근에 개인화와 자아인식이 발전한 단계의 것이다.

이 '외로이'라는 단어는 상호 연관된 복잡한 의미들을 담고 있다. 그것은 죽어가는 과정을 누구와도 공유할 수 없다는 것을 의미한다. 또 죽음으로 인해 나 자신의 소우주, 그것과 결부된 독특한 기억, 나만이 알고 있는 감정과 체험, 나 자신의 지식과 소망이 영원히 사라진다는 것을 의미한다. 아울러 죽어가는 과정에서 사랑했던 모든 사람들과 분리되어 혼자 남겨질 때의 느낌을 의미하기도 한다. 외로이 죽어간다는 모티프는 이전 시기에도 강조되어 나타난 적이 있었지만 현대에 와서 그 어느 때보다 빈번하게 나타난다. 온전히 자율적인 인간으로서, 타인과 다를 뿐 아니라 분리되어 완전히 독립적으로 존재하는 개인이라는 자기 이미지가 분명하게 나타나는 현대사회에서 외로이 죽어가는 것은 현대인이 반복적으로 겪는 체험 형식에 속한다. 현대에 와서 외로이 죽는다는 관념이 각별한 의미를 지니게 된 것은 현대인들이 혼자서 외로이 살아간다는 것에 각별한 의미가 부여되었기 때문이다. 이 측면에서도 나 자신의 죽음에 대한 이미지는 나 자신, 나 자신의 삶에 대한 이미지 그리고 그 삶의 본질과 밀접하게 연관되어 있다.

톨스토이의 소설 「주인과 종」은 단편이지만 복잡한 의미를 담고 있다. 이 소설에서 톨스토이는 농민에서 신분 상승한 상인의 죽음과 그의 농군 하인의 죽음을 대비시킨다. 상인은—넘치는 에너지와 지속적인 노력을 통해—자수성가를 한 사람이고 늘 수지맞는 장사를 찾아다녔으며, 항상 그것을 빼앗으려는 경쟁자들과 맞서 싸워야 했다. 그가 먹여살리기는 했지만 종종 월급을 속여 빼앗곤 했던 종 니키타는 그의 명령에 따랐다. 니키타는 선택의 여지가 없었기에 좋든 싫든 무엇이든 받아들였다. 그는 여기서 벗어날 방도가 없었고 보드카를 제외한다면 어떤 탈출구도 없었다. 그는 가끔 코가 비뚤어지도록 마셨다. 그러고 나면 그는 난폭하게 변해 위협적이었다. 제정신일 때 그는 참을성 있고 순종적이며 친절하고 헌신적으로 주인을 모셨다. 어느 눈보라 치던 날, 그들은 썰매를 단 튼튼한 말 한 필로 외출을 나갔다. 상인은 사업상 원목을 구매하기 위해 그리 멀지 않은 마을에 가야 했고, 이 거래를 경쟁자에게 빼앗기고 싶지 않았다. 가는 도중 눈이 점점 많이 내리기 시작했고 그들은 길을 잃었다. 밤이 오자 그들은 골짜기에 갇힌 신세가 되었고 눈은 서서히 쌓여만 갔다. 그들은 가까스로 긴 장대에 깃발을 매달아 세웠다. 그 지방의 관습에 따라 다음날 그들이 파묻힌 자리를 찾아낼 수 있도록 하기 위해서였다. 거의 마지막 순간까지도 상인은 매우 적극적이었고 최선을 다했다. 그는 자신이 이루었던 모든 것과 아직도 해야 할 남은 일들에 대해 상상하고 있었다. 그러다 하인이 얼어죽었음을 깨달았을 때 퍼뜩 정신이 들었다. 몸을 덥히려고 주인의 두꺼운 모피 코트에 기댄 채 니키타는 서서히 잠들어 얼어죽었다. 하인 니키타는 침착하게, 아무 저항 없이 조용히 죽음에 복종했던 것이다.

> 아마도 이날 밤 주인을 사로잡았던 죽음의 관념이 니키타에게도 떠올랐겠지만, 니키타는 그에 대해 아무런 고통도 공포도 느끼지 않았다. 그 이유는 그가 삶에서 행복한 시간을 거의 가지지 못했고 오로지 고통의 나날만이 있었기 때문이며, 그 끊임없는 노동에 지쳐버렸던 것이다.

톨스토이는 그 당시 일상적이었던 세속적 주인에 대한 하인의 복종—그 헌신의 정도는 충직한 말에 버금갔다—과 천상의 하느님에 대한 인간의 복종에 대해 묘사했다. 이를 통해 그는 사람이 살아가는 방식과 죽는 방식 간의 연관성을 분명하게 보여주려 했다.[15]

주인, 즉 일어나려고 몸부림치는 상인에게 삶, 생존은 중요한 의미와 가치를 가지고 있었다. 육신이 싸늘해지는 순간까지 그는 적극적이었고, 하인이자 그의 보조자인 니키타를 살리기 위해 애썼다. 삶에서 수많은 고통과 괴로움, 억압을 겪고 자신만의 과제나 목표를 가질 수 없었던 하인은 톨스토이가 그러했듯이 묵묵히 죽음을 수용했으며, 단지 주인의 몸과 모피 코트에 의존해 그것을 피하려고만 했다.

한 인간이 죽는 방식은 그가 인생에서 세운 목표에 얼마나 가까이 도달했는지, 그리고 설정한 과제를 얼마나 실행했는지에 적지 않게 의존한다. 한 인간에게 죽음의 방식은 죽어가는 사람이 자신의 삶을 얼마나 충만하고 의미 있는 것(또는 부질없고 의미 없는 것)으로 느끼느냐에 달려 있다. 이 감정의 근거가 항상 분명한 것은 아니며, 이것 역시 연구의 대상이다. 그러나 이유야 어찌되었든 자신의 몫을 다했다고 생각하는 사람에게 죽음은 더 쉬운 것으로 다가오며, 인생에 소홀했다고 생각하는 사람에게 더 힘든 것으로 다가온다. 특히 삶이 아무리 보람찼다고 할지라도 죽음의 방식 자체가 의미 없다고 생각하는 사람에게 죽음은 더욱 힘든 것이다.

의미 있는 죽음, 의미 없는 죽음 같은 개념들 역시 아직 사람들의 관심 대상이 되지 못했던 문제들을 제기한다. 어떤 점에서 이것이 관심 대상이 되지 못했던 것은 당연하다. 왜냐하면 사람들이 이 문제를 매우 비슷하지만 전적으로 다른 의미를 가진 다른 문제와 쉽게 혼동하기 때문이다. 인생의 의미에 대해 성찰하는 사람이 있다면 우리는 그 사람을 예로 들어 아무 짝에도 쓸모없는 것에 몰두한다고 말할지 모르겠다. 이 경우 무용성은 그가 인간사에 대해 형이상학적 의미를 찾으려 한다는 사실에서 비롯된다. 다시 말해 그는 인간 외부의 권능 혹은 자연이 개인의 삶에 처방해준 의미를 찾으려 하기 때문에 쓸데없는 짓을 하는 것이다. 그러나 그와 같은 형이

상학적 질문은 철학적 사색의 주제가 될 수도 있다. 사람들은 이러한 종류의 의미를 찾기 위해 소망과 환상의 날개를 활짝 펴기도 하는 것이다. 그러나 대답은 자의적인 것에 불과하다. 그 대답의 내용은 실증될 수도 반박될 수도 없다.

그러나 여기서 논하고 있는 의미는 다른 종류의 것이다. 사람들은 자신에게 일어난 사건들을 의미 있거나 의미 없는 것으로, 중요하거나 중요하지 않은 것으로 체험한다. 문제가 되는 것은 바로 이 체험된 의미다. 두 아이의 부모이자 서로 사랑하는 부부가 있다고 하자. 그 남편은 서른다섯 살이었고 중앙선을 침범해 들어오는 차에 치여 사망했다면 우리는 그것을 의미 없는 죽음이라고 말한다. 이는 죽은 사람이 자신에게 주어진 어떤 인간 외적 의미를 성취하지 못했기 때문이 아니라, 사랑하는 가족의 삶과는 어떤 관계도 없는 사람, 즉 상대방 운전자의 삶이 마치 밖에서 우연히 뛰어들듯이 침입해 일거에 삶, 목표, 계획, 행복하고 안정적이었던 한 인간의 정서, 나아가 그 가족들에게 각별한 의미를 가지고 있었던 어떤 것을 철저히 파괴해버렸기 때문이다. 망자의 희망, 기대, 기쁨이 파괴되었을 뿐 아니라 살아남은 자들, 즉 아이들과 아내의 것도 파괴되었다. 그 가족 구성원에게 가족이라는 사회적 무대, 인간 조직은 매우 긍정적인 가치를 지니면서 기능하고 있었다. 어떤 것이 한 개인의 삶에 대해 그러한 기능을 가지고 있다면, 그리고 그 기능을 강화시킨다면 그것은 그 또는 그녀에게 의미 있다고 말할 수 있다. 반대로, 한 개인 혹은 집단에 대해 그러한 기능을 하던 것이 더이상 존재하지 않거나 실현 불가능해지거나 파괴된다면, 우리는 의미의 상실이라는 차원에서 이야기하게 되는 것이다.

의미의 본질, 그리고 '삶의 의미'에 대해 약간이나마 언급했던 것이 죽어가는 사람이라는 특수한 문제를 이해하는 데 전혀 무용한 일은 아닐 것이다. 한 개인에게 의미의 완성은 앞서도 말했듯이 그 자신의 인생 도정에서 그가 다른 사람들에 대해 가졌던 의미와 밀접히 연관된다. 그것은 그 사람의 인격일 수도, 그의 행위 혹은 업적일 수도 있다. 오늘날 사람들은 최선의 간호를 통해 무엇보다 죽어가는 사람의 고통을 완화시키고 육체적 편안함을 주기 위해 노력한다. 이 노력을 통해 산 자들은 자신들이 여전히 죽어가는 사람을 인간 존재로 존중하고 있음을 보여주려 한다. 그러나 분주한 병원에서는 이와 같은 일이 종종 기계적이고 비인간적으로 발생할 수 있다. 이 낯선 상황 속에서 가족조차 죽어가는 사람에게 위안이 될 적절한 말을 찾지 못하고 당황한다. 죽어가는 사람들에게 그들이 여전히 중요한 존재이며 의미 있는 존재임을 보여주는 것이 늘 그렇게 쉬운 일만은 아니다.

만일 죽어가는 사람이 아직 살아 있는데도 자신이 다른 이들에게 아무런 의미도 가지지 못한다고 느낀다면, 그 사람은 진정 외로운 것이다. 바로 이런 형태의 고독을 보여주는 예가 우리 사회에 많이 존재하며 거기에는 극단적이고 예외적인 경우도 있다. 고독Einsamkeit이라는 개념에는 다양한 스펙트럼이 존재한다. 타인을 향한 사랑이 일찍이 상처 입고 파괴되어 나중에는 그러한 감정을 가지려 해도 이전에 받았던 충격이 떠오르고, 그 사랑의 욕망이 그에게 주었던 고통을 잊을 수 없어 타인에 대한 사랑이 불가능한 사람은 고독하다고 할 수 있다. 마음의 상처가 컸던 사람은 다른 사람들과 어울리지 못하게 된다. 이것이 고독의 한 형태이다. 고독의 또다른 형태는 좁은 의미에서 사회적인 것이다. 자신이 만나고 싶은 사람들을 만날 수 없는 장소나 입장에 있는 사람들은 고독하다. 이 경우에, 또 이와 연관된 많은 경우에 고독이라는 개념은 이러저러한 이유에서 혼자 남겨진 사람들을 일컫는다. 그 사람들은 다른 이들과 더불어 살아가지만 그 다른 이들은 그에 대해 어떤 정서적 의미도 가지지 않는다.

그러나 이것이 전부는 아니다. 많은 사람들 가운데 있더라도 그 자신이 그들에게 아무런 의미도 가지지 않을 때 그는 고독하다고 할 수 있다. 그 사람들에게 그는 관심의 대상이 아니다. 그들은 한 인간과의 사이에 놓인 마지막 감정의 다리를 끊어버렸다. 아무도 관심을 두지 않는 길거리의 부랑자들, 길에서 싸구려 술을 마시는 사람들이 이 범주에 속한다. 독재자의 감옥이나 고문실에 갇힌 사람들도 이와 같은 고독을 느낄 것이다. 가스실로 가는 것은 또다른 경우이다. 거기서 아이들과 여인네, 젊은이와 노인은 모든 감정의 끈을 끊어버리고 인정사정없이 죽음으로 내모는 손에 의해 벌거벗은 채로 죽음을 맞았다. 그뿐 아니라 어쩔 도리 없이 죽음으로 내몰렸던 사람들끼리도 우연에 의해 한곳에 던져졌을 뿐 누가 누군지 서로 알지 못한 채 그 많은 사람들 가운데서도 각자는 극도의 외로움과 고독 속에 있었다.

이러한 극단적인 예는 사람들이 서로에 대해 가지는 의미가 얼마나 근본적이며, 어느 것과도 견줄 수 없다는 점을 말해준다. 이 예는 또한 죽어가는 사람이—아직 살아 있는데도—산 사람들의 공동체에서 이미 배제되었다고 느낀다면 그것이 얼마나 참혹할 수 있는지를 잘 보여준다.

16

죽음 자체는 위협적이지 않다. 사람들은 기나긴 꿈 속으로 떠나가고 세상은 사라진다. 두려운 것은 죽어가는 고통이며, 또 사랑하는 사람이 죽었을 때 산 자의 상실감이다. 죽음을 둘러싼 집합적이거나 개인적인 환상은 종종 사람들을 섬뜩하게 한다. 그 공포의 독성을 완화하고 유한한 삶이라는 소박한 현실을 그에 맞세우는 것은 아직 우리 앞에 놓인 과제다. 미처 자신의 삶에 의미를 부여하기도 전에 그리고 인생을 즐기지도 못하고 젊어서 죽는 것은 끔찍한 일이다. 남자, 여자, 아이들 할 것 없이 굶주림에 허덕이며 메마른 땅을 헤매고 거기에 죽음이 서서히 다가오는 것 역시 끔찍한 일이다. 죽어가는 일을 둘러싸고 수많은 공포가 존재한다. 쉽고 평화롭게 죽어가기 위해 무엇을 할 수 있는가에 대해서는 아직 정답이 없다. 살아 있는 사람들이 보여주는 우정, 자신의 죽음이 살아 있는 사람들을 당혹스럽게 하지 않는다는 것을 죽어가는 사람이 느낄 수 있도록 하는 것도 부분적으로 해답이 된다. 사회적 억압, 즉 우리 시대 죽음의 전 영역을 감싸고 있는 불안의 장막은 전혀 도움이 되지 못한다. 아마도 우리는 보다 공개적으로 그리고 분명하게 죽음에 대해 말해야 할 것이다. 설령 죽음을 더이상 신비스러운 것으로 제시하지 않게 되더라도 말이다. 죽음은 숨겨야 할 어떤 비밀도 없다. 어떤 문도 열어 보이지 않는다. 죽음은 한 인간의 종말이다. 남는 것은 그 혹은 그녀가 다른 사람들에게 주었던 것, 즉 산 자가 가진 기억들이다. 사람들이 죽음을 더이상 배제하지 않고 인간 삶의 총체적 구성인자로서 인간의 표상 속에 끌어들일 때 스스로를 외로운 존재로 느끼는 '갇혀 있는 인간'이라는 에토스는 급속히 약화될 것이다. 만일 인간다움이 사라진다면 인간이 이루었던 모든 것, 세속적 혹은 초자연적 믿음 체계를 비롯해 사람들이 아웅다웅하고 생명을 바치기까지 했던 모든 것이 다 부질없어질 것이다.

부록

노화와 죽음: 몇 가지 사회학적 문제들*

1

지금 나이가 들어 생각하니 예전 젊었을 적에 겪었던 어떤 일이 각별한 의미로 다가온다. 케임브리지에서 한 유명한 의사의 강연을 들은 적이 있었다. 그는 꽤 나이가 지긋한 사람이었고 발을 질질 끌면서 걸어다녔다. 왜 저렇게 다리를 끌고 다닐까? 나는 궁금해졌다. 왜 정상적인 사람처럼 걷지 못하는 것일까? 나는 즉각 그 생각을 고쳐잡았다. "어쩔 수 없어서 그런 것이야, 나이가 많이 들었으니까"라고 나는 혼잣말을 했다.

한 노인의 모습에 대해 젊은 사람으로서는 자연스러웠다고 할 수 있었던 나의 반응은 오늘날 흔하게 볼 수 있는 감정 유형이며, 아마도 옛날보다 오늘날, 특히 청장년층의 건강한 사람들이 나이 든 사람들을 보았을 때 느끼는 전형적인 감정일 것이다. 나이 든 사람이면 아무리 건강해도 어린이를 제외한 다른 연령 집단의 건강한 사람들과 같은 방식으로 움직이는 데 어려움이 있다는 것을 사람들은 잘 안다. 알기는 하

* 이 글은 1983년 10월 바트 살주플렌에서 열린 의학 대회에서 행한 강연 원고를 수정한 것이다.

지만 그것을 피부에 와닿게 느끼지 못한다. 그래서 두 다리 혹은 몸이 자신의 의지에 따라 움직이지 않는 상황을 정상적인 것으로 보지 못한다.

나는 여기서 '정상'이라는 단어를 조심스럽게 사용하고 있다. 나이가 들어 사람들이 예전 같지 않다는 점이 뜻하지 않게 사회적 규범으로부터의 일탈로 간주되는 경우가 종종 있다. 정상적인 연령 집단의 사람들은 나이 든 사람들이 경험하는 노화 현상에 공감하기 어렵기 마련이고, 이것은 이해가 가는 일이다. 왜냐하면 대부분의 젊은이들은 근육 조직이 점점 굳어지고 지방이 늘어날 때의 느낌, 연결 조직이 느슨해지고 세포 재생이 둔화될 때의 느낌이 어떠할지 알 수 있는 어떤 체험적 기반도 없기 때문이다. 그러한 생리학적 과정은 과학적으로 널리 알려졌고 우리 모두가 부분적으로는 잘 아는 과정이기도 하다. 또 이 주제를 다루는 많은 문헌이 존재한다. 그러나 아직 잘 이해되지 못하고 또 그 문헌들에서 찾아보기 힘든 것은 노화의 체험 그 자체이다. 이에 대한 논의는 거의 이루어지지 못했다. 노인들에 대한 의학적 치료 과정에서는 물론이고 (아직) 늙지 않은 사람들이 노인들을 대하는 과정에서 노화와 죽음 과정의 경험적 측면을 좀더 깊이 이해하는 것은 적지 않은 중요성을 가진다. 그러나 앞서도 언급했듯이, 이 경우 서로를 역지사지하는 데는 매우 특별한 난점이 있다. 내 몸, 지금은 활기차고 가끔은 기분 좋은 느낌으로 가득한 이 육체가 느릿해지고 쉬 피로하며 둔해질 수 있다는 것을 상상하기는 쉽지 않다. 사람들은 그것을 이해할 수 없고, 무엇보다도 이해하지 않으려 한다. 다시 말해,

노인들 그리고 죽어가는 사람들과의 동일시는 다른 연령층의 사람들에게 매우 어려운 일이다. 의식적으로든 무의식적으로든 사람들은 자신이 늙고 죽을 것이라는 관념을 극구 부정하려 하며 그에 저항한다.

이 저항, 이 억압의 과정은 상대적으로 덜 발전된 사회보다 선진 사회에서 두드러지게 나타나는데, 그 이유에 대해서는 차차 설명하겠다. 나 자신이 나이가 들고 늙었기 때문에, 젊은 사람들이나 중년에 이른 사람들이 나이 든 사람들의 상황과 체험을 이해하는 것이 얼마나 어려울지 다른 각도에서 바라볼 수 있게 되었다. 나와 안면이 있는 많은 사람들은 친절하게도 다음과 같이 말한다. "놀랍군요! 어찌 그리 건강하게 지내십니까? 그 연세에!" 혹은 "요즘도 여전히 수영하러 다니세요? 굉장하군요." 자신의 삶이 마치 줄타기 곡예와 비슷하다고 느끼는 사람이 있다고 하자. 자기 삶의 방식에 내재한 위험을 잘 아는 그는 자신이 생각한 시간에 줄의 다른 쪽 끝에 있는 사다리에 도착한 다음 침착하게 지상으로 내려가리라 확신한다. 그러나 밑에서 쳐다보는 사람들은 언제라도 그가 떨어질지 모른다는 생각에 손에 땀을 쥐고 겁에 질려 그를 바라보는 것이다.

내가 겪었던 또다른 일이 생각나는데, 이 역시 젊은 사람들이 노인들과 동일시하지 못하는 예가 될 것이다. 독일의 어느 대학에 초빙 교수로 갔을 때의 일인데, 한창때인 동료 교수가 저녁식사에 초대한 적이 있었다. 식사 전에 아페리티프〔식사 전 식욕 촉진용으로 마시는 술〕가 나왔고, 나를 아주 나지막한 현대식 의자에 앉혔다. 그의 아내가 저녁식사 준비가 끝났음을 알렸다. 나는 일어섰고, 깜짝 놀란 그는 다소 실망한 빛으로 나를 보면서 "음, 여전히 매우 건강하시군요"라고 말했다. "얼마 전 우리는 저녁식사에 노교수 한 분을 모셨습니다. 그분도 그 낮은 의자에 앉으셨는데, 아무리 해도 다시 일어서지를 못하셨죠. 그걸 보셨어야 하는데. 결국 우리가 도와드렸죠." 그는 계속 웃으면서 "하하하! 다시 일어서기가 힘드셨던 게지요!" 나를 초대했던 사람은 배를 움켜잡고 웃었다. 이 경우도 분명 늙지 않은 사람이 늙은 사람의 입장을 이해하기가 어려운 예이다.

'언젠가 나도 늙겠지'라는 생각이 아예 들지 않는 경우도 있다. 그렇다면 남은 것은 자신의 우월성, 그리고 노인과의 관계에서 젊은 사람들이 가진 권력을 자연스럽게 향유하는 경우일 것이다. 가여운 노인들에 대한 조롱, 추하고 늙은 남녀에 대한 혐오에서 발견되는 잔인함은 사실 오늘날보다 옛날에 훨씬 컸으리라. 그러나 그런 태도는 분명 없어지지 않았다. 그것은 나이가 들거나 병상에 누워 죽음을 기다리는 사람들 주위의 인간관계에서 나타난 매우 특징적인 변화와 밀접히 연관된다. 나이 들면 아무래도 젊은 사람에 비해 잠정적으로나 실제적으로 기력이 떨어진다. 그들은 눈에 띄게 다른 사람들에 의존하게 된다. 나이 먹으면서 다른 사람들에게 더 많이 의존해야 한다는 점, 자신의 힘이 줄어들고 있다는 사실에 대처하는 방식은 사람에 따라 차이가 크다. 그것은 살아온 방식과 그 사람의 인성 구조에 따라 달라진다. 그러나 나이 든 사람들이 보이는 행동 중 어떤 것, 특히 이상 행동은 점차 허약해지고 독립성을 잃어가며, 심지어 자기통제력을 잃어가는 데 대한 두려움과 관련 있다는 점을 기억하는 것이 중요하다.

이 상황에 대처하는 방식 중 하나는 유아기적 행동으로의 퇴행이다. 나는 노인들에게서 나타나는 유아기적 행동의 재발이 육체적 쇠락의 징후인가 아니면 유아기적 행동으로 돌아감으로써 점차 허약해지는 것을 무의식적으로 회피하려는 것인가를 밝히려는 것이 아니다. 어쨌든 그것은 고통스러운 측면과 만족스러운 측면을 모두 가지고 있는, 철저한 의존 상황에 대한 적응 방식이다. 오늘날 많은 양로원에는 먹여주고 대소변을 받아줘야 하고 갓난아기처럼 씻어주어야 하는 노인들이 있다. 그들은 또 어린아이처럼 나름대로 권력을 휘두르려고 한다. 만약 야간 당직 간호사가 다소 무뚝뚝하게 그들을 대했다면, 그녀는 밤새 매시간 울려대는 호출 벨소리를 듣게 될 것이다. 이는, 노화 과정이 종종 한 사람의 사회적 위치 그리고 타인과 맺고 있는 모든 관계에서 근본적인 변화를 가져온다는 점을 이해하지 못한다면 노화의 경험이 결코 이해될 수 없음을 보여주는 많은 예 중의 하나다. 권력과 지위의 변화는 사람에 따라 갑자기 또는 천천히 발생하며, 일찍 오기도 하고 늦게 오기도 하지만, 육순, 칠순, 팔순 혹은 구순이 되면 그러한 변화가 발생하기 마련이다.

2

나이 든 사람과 다른 사람들과의 관계, 특히 죽어가는 사람과 다른 사람들과의 관계에서 나타나는 정서적 측면도 마찬가지다. 이 글의 주제상, 그리고 시간상의 제약 때문에 나는 이 변화의 한 측면에 주목해서, 우리 사회에서 빈번하게 발생하는 나이 들고 죽어가는 사람의 고립에 대해 논하려 한다. 서두에 밝혔듯이 여기서 다루는 건 노화와 죽음의 육체적 징후, 사실 적절한 표현은 아니지만 노화와 죽음의 객관적 징후라고 일컬어지는 것에 대한 진단이 아니다. 내가 여기서 살피고자 하는 것은 노인 또는 죽어가는 사람이 '주관적'으로 경험하는 것이 무엇인가 하는 것이다. 나는 노인과 죽어가는 사람이 처한 고립의 위험성을 중심으로 사회학적 진단을 내리고자 하며, 이것은 전통적·의학적 진단을 보완하는 의미를 가진다.

이러한 점에서 현재의 산업사회와 전前산업사회, 즉 중세 또는 초기 산업사회의 노인과 죽어가는 사람의 위치를 비교해보면 상당한 차이가 있음을 알 수 있다. 산업사회 이전에는 인구의 대다수가 농촌에 살았고 토지를 경작하거나 가축을 길렀다. 따라서 농부와 농장 노동자가 가장 큰 직업군을 이루었는데, 노인과 죽어가는 자를 돌보는 것은 가족의 몫이었다. 이 일이 친절하게 행해졌을 수도 있고 야만적으로 행해졌을 수도 있지만, 발달한 산업사회와 비교한다면 그 사회에 독특한, 노인과 죽어가는 사람이 가진 구조적 특징이 존재한다. 나는 이 차이 중 두 가지를 언급하겠다. 신체적으로 허약해진 노인은 가끔 젊은 가족 구성원과 상당한 정도의 마찰을 빚기도 하지만 대개의 경우 가족 생활공간 내에 머무르고, 보통 그 안에서 죽음을 맞이한다. 따라서 고도로 산업화된 사회와는 달리, 노화와 죽음과 관련된 모든 일이 매우 공개적으로 발생했다. 확대가족, 어떤 경우에는 동네 사람들까지도 포함한 이 영역에서 모든 것이 훨씬 더 공개적이기는 했지만, 그렇다고 해서 노인과 죽어가는 사람이 친절과 호의만을 경험했던 것은 아니다. 이제 곧 세력을 장악할 젊은 세대가 노인을 학대하고 잔인하게 대하는 일도 드물지는 않았다. 그러나 지금 우리가 우려하는 것이 그러한 상태는 아니다.

오늘날 산업화된 사회에서 국가는 모든 시민을 명시적인 물리적 폭력으로부터 보호하며, 노인이나 죽어가는 사람도 예외는 아니다. 그렇지만 나이 들고 허약해진 사람은 사회로부터, 나아가 자신의 가족과 친지로부터 더욱 격리된다. 서로 모르는 노인들이 모여서 그들끼리 함께 사는 기관의 숫자도 늘어나고 있다. 높은 수준으로 개인화 과정이 진척되었지만, 대부분의 사람은 퇴직 전까지 가족 범위를 넘어선 이러저러한 모임의 친구들, 친지들과 감정적 유대를 형성하고 있다. 하지만 대개 늙어가는 과정에서 가족 범위를 넘어선 이러한 관계들은 점차 약화된다. 해로하는 노부부의 경우를 제외하면, 양로원에 들어가는 것은 오랜 감정적 유대가 최종적으로 끊어지는 것을 의미할 뿐 아니라 그 개인이 어떤 긍정적·정서적 관계도 맺은 적이 없는 사람들과 같이 살아야 함을 의미한다. 건강을 살펴주는 의사와 간호사가 있다는 것은 좋은 일이다. 그러나 노인들은 정상적인 삶으로부터 격리되고 낯선 사람들과 같이 살아야 한다. 그것은 개인에게는 고독한 일이다. 내가 여기서 걱정하는 점은 아주 고령이 될 때까지도 매우 활발하게 지속되는 성적 욕구의 문제뿐 아니라 함께 있는 것을 즐기고 같이 있으면서 정서적 만족을 느끼는 인지상정의 문제이다. 양로원에 들어가면서 이런 종류의 인간관계 역시 줄어들고 거기에서는 대체물을 찾기도 어렵다. 그래서 많은 양로원이 고독한 사막과 같다.

3

정서적 고립은 발달된 산업사회에서 죽어가는 과정이 가진 특성들 중에서도 더 두드러진다. 이러한 특성들은 비교적 덜 발달된 사회의 죽음 관련 절차 및 죽음에 대한 지배적 태도와 비교해보면 더욱 분명하게 나타난다. 옛날 회화에서 볼 수 있는, 온 가족—여자, 남자, 아이들 할 것 없이—이 죽어가는 할머니, 할아버지의 침상 주위에 모여 있는 장면을 예로 들어보자. 사실 그 장면은 낭만적으로 이상화되었을 수 있다. 사실 그런 상황에서 가족들은 조롱하기도 하고 야만적이고 냉담하기도 했다. 부자들은 그 후손들이 바라는 것만큼 항상 빨리 숨을 거두지는 않았으며, 가난한 사람들은 자신의 배설물 위에 누워 제대로 먹지도 못했다. 20세기 이전 혹은 19세기 이전만 해도 대다수 사람은 다른 사람들이 곁에 있는 가운데 죽음을 맞이했다. 그럴 수밖에 없었던 이유는 혼자서 살아가고 혼자서 죽는다는 것에 익숙하지 않았기 때문이다. 혼자 있을 정도로 방이 많은 것도 아니었다. 산업사회와는 대조적으로 죽어가는 사람과 망자는 공동체적 삶으로부터 철저히 격리되지 않았다. 옛날 사람들은 가난했다. 또 위생적으로도 철저하지 못했다. 수시로 무서운 전염병이 유럽 각국을 휩쓸었다. 13세기부터 20세기에 이르기까지 수차례 무서운 전염병이 유럽을 할퀴고 갔다. 20세기에 와서야 비로소 주요한 전염병에 대처하는 방법들이 발견되었다.

4

역사적으로 후대 사람이 앞선 시대를 살았던 사람들의 자리에 자신을 놓고 생각하는 것은 어려운 일이다. 따라서 후대 사람들은 선대 사람들이 처했던 상황이나 그들이 어떤 사람들이었는가를 적절히 이해할 수 없는 경우가 많다. 그 상황이란 간단하다. 옛날, 예를 들면 중세 때에는 질병에 대한 사회적 지식의 총량이 매우 적었고 오늘날만큼 확실한 지식도 아니었다. 현실에 대한 안정된 지식을 가지지 못한다면 존재 자체도 불안정해진다. 옛날 사람들은 쉽게 흥분하고 또 쉽게 공포에 질렸다. 그들은 현실 인식의 틈새를 환상적 지식으로 채우고, 설명할 수 없는 위험이 주는 공포를 환상적 수단으로 잠재우려 했다. 따라서 선대 사람들은 언제 닥칠지 모르는 전염병 때문에 불안에 떨면서 그 감정적 흥분을 가라앉히기 위해 부적·제물에 의존하거나 마녀를 원망했고 우물에 누가 독을 넣었다고 생각하거나 자신의 원죄를 탓하는 식으로 대응했다.

물론 불치병으로 고생하는 사람이나 또다른 이유로 죽어가는 사람들이 친척들의 잘못을 탓하거나, 자신의 죗값을 치르고 있다는 식으로 속삭이는 내면의 목소리에 귀를 기울이는 경우가 지금도 여전히 존재한다. 그러나 오늘날 그러한 사적인 환상은 정상적인 경우 사적인 환상에 그칠 뿐, 사실적이고 대중적인 지식으로 받아들여지는 경우가 드물다. 오늘날 병인에 대한 지식, 노화와 죽음의 원인에 대한 지식은 훨씬 확실하고 포괄적이다. 치명적인 전염병의 제어는 현실에 상응하는 지식의 발달이 인간의 감정과 행동의 변화에 기여했다는 점을 보여주는 많은 예 가운데 하나일 뿐이다.

5

이 감정적 환상에 기초한 설명이 후퇴하는 과정, 또는 막스 베버의 다소 감상적 정식을 사용해 '세계의 탈주술화'라고 부를 수도 있을 이 과정을 합리화 과정이라고 보는 것에는 문제가 있다. 용어야 어찌되었든 이 개념은 결국 변한 것은 인간의 '이성'임을 함축한다. 따라서 이 정식은 마치 사람들이 이전 시기보다 '합리적'이 되었다고, 아니면 보다 평이한 용어로 분별력 있게 되었다는 것을 함축한다. 이는 사실에 충실하지 못한 자기중심적 평가이다. 합리화 과정에 포함된 변화가 사실 지향적 사회 지식, 즉 안전감을 줄 수 있는 지식의 증가라는 점을 인식하지 못한다면, 합리화 개념이 지칭하는 변화의 실상을 이해할 수 없을 것이다. 현실적 지식의 확장과 그에 상응한 환상적 지식의 쇠퇴는 사람들에게 유용할 사건과 그들을 위협하는 위험을 효과적으로 제어할 수 있게 되는 것과 동시적이다. 노화와 죽음은 후자에 속한다. 이 영역에서 현실적 지식의 증가가 노화와 죽음의 인간적 통제라는 측면에서 어떤 의미를 가지는가를 질문한다면 우리는 흥미로운 점을 발견할 수 있다.

늙고 죽는 생물학적 측면과 관련된 사회적 지식의 총량은 지난 두 세기를 거치면서 크게 증가했다. 이 영역에 대한 지식은 탄탄한 기반 위에 놓였으며, 현실적인 것이 되었다. 인간의 통제력도 이 같은 지식의 증가와 더불어 늘어났다. 그러나 생물학적 수준에서 본다면, 현재 노화와 죽음의 과정에 대한 인간의 통제를 더욱 확장시켜 통제 범위가 더 늘어날 가능성은 거의 절대적 한계에 도달했다. 이 점은 현재 도처에서 자연 세계에 대한 인간의 통제가 그 한계에 도달해 있다는 점과도 무관하지 않다.

생물학적 지식의 진보에 힘입어 개인의 기대 수명이 크게 늘어난 것은 사실이다. 그러나 의학이 진보하여 삶을 연장하고 노화와 죽음의 과정이 주는 고통을 완화시킬 수 있는 가능성이 증대했는데도, 인간은 어차피 죽을 수밖에 없다는 사실은 자연에 대한 인간의 통제력이 한계를 가질 수밖에 없다는 점을 입증한다. 분명 많은 측면에서 자연에 대한 통제력은 상상할 수 없을 정도로 커졌다. 그러나 그렇다고 할지라도 인간이 자연적 수준에서 발생하는 것들을 무한히 통제할 수 있다는 의미는 아니다.

내가 아는 한, 이 점은 삶의 사회적 수준에는 해당되지 않는다. 여기서 도달하지 못할 절대적 한계는 없으며, 미래에도 그러한 한계란 없을 것이다. 그러나 지식과 통제의 영역을 확장하는 과정에서 사람들은 수백 년 혹은 수천 년 동안 그들을 가로막았던 높은 장벽과 장애물에 직면하게 되었다. 물론 그러한 것들이 인간의 힘이 미칠 수 없는 절대적인 것은 결코 아니다. 분명 어떻게 해볼 수 없는 절대적 장벽이 인간보다 선차적인 수준, 이른바 '자연'에 존재하지만, '사회' 그리고 '개인'이라고 불리는 인간의 사회적 수준에서 그 장벽은 (자연적 수준이 정해준 어떻게 해볼 수 없는 한계를 제외한다면) 극복 가능하다.

나는 간단히 두 가지 장애물에 대해서만 언급할 것이다. 이 두 가지는 현재 인간들이 자신들의 미래에 대한 지침을 세우고 삶을 통제하는 데 심각한 장애가 되고 있다. 물론 그러한 장애물 역시 극복 불가능한 것은 아니다. 먼저 일반적으로 당연시되는 가치 척도가 있는데, 그것에 따르면 '자연', 즉 인간에 앞서 존재하는 자연적 사건들은 인간 자신이 형성하고 창조한 영역인 '문화'나 '사회'보다 훨씬 더 중요한 영역이다. '자연'이라는 영원한 질서는 인간 세계의 무질서·불안정과는 대조된다. 많은 사람들은 성인이 되어서도 마치 아이처럼 자신들의 손을 잡고 이끌어줄 어머니 같은 존재 또는 나아가야 할 바를 보여주는 아버지 같은 존재를 계속 찾는다. '자연'은 그러한 존재 중 하나다. 자연이 이루어내는 모든 것, '자연적인' 모든 것은 선하며 인간에게 도움을 준다고 생각된다. 조화로운 규칙성이라는 뉴턴의 '자연'관은 우리 위에서 반짝이는 밤하늘 우주의 영원한 법칙, 우리 속에 있는 영원한 도덕률에 대한 칸트의 찬미 속에서 그 표현을 발견한다. 그러나 오늘날 우리는 이미 뉴턴의 '자연' 찬미 수준을 넘어서 있다. 오늘날 '자연' 개념은 우주학자들이 생각하는 무목적적으로 팽창하는 우주의 진화, 즉 수많은 태양과 은하계가 생성되고 파괴되며 빛을 삼켜버리는 '블랙홀'이 있는 우주의 관념과 일치한다. 우리는 이 점을 쉽게 잊어버린다. 이것을 '질서'라고 부르든 '우연' 또는 '카오스'라고 부르든 간에 마찬가지다.

자연적 사건들이 인간에게 도움을 준다거나 나쁘다고 말하는 것은 별로 의미가 없다. '자연'은 어떤 의도도 가지지 않는다. 자연에는 목표가 없다. 자연은 완전히 무목적적이다. 우주에서 목표를 설정할 수 있고 의미를 생성하고 부여할 수 있는 유일한 생명체는 인간 자신이다. 그러나 어떠한 목표를 추구할지, 각종 계획과 조치가 인간에게 의미가 있는지 없는지를 결정해야 하는 책임이 자신에게 있다면 그것은 분명 힘겨운 부담이 될 것이다. 사람들은 이 부담을 덜어줄 누군가, 즉 자기 삶의 규칙을 정해주고 삶을 의미 있게 할 목표를 정해주는 누군가를 계속 찾고 있다. 사람들이 기대하는 것은 외부로부터 주어진, 이미 정해진 어떤 의미다. 가능한 것은 자신이 창조해낸 의미, 궁극적으로 인류가 함께 창조해낸 의미이며 이것이 삶의 지침이 될 수 있다.

인간이 성장한다는 것은 지난한 과정이다. 학습 기간은 길고, 중대한 시행착오가 있기 마련이며, 그 학습 과정에는 자기 파괴의 위험, 자기 삶의 조건을 없애버릴 수도 있는 위험이 항상 존재한다. 그러나 이 위험은 사람들이 자기가 할 수 있는 일마저 누군가 대신해주기를 바라는 유아기적 태도에 머물러 있을 때만 증가한다. 자연을 건드리지 말고 그대로 내버려두어야만 인간과 인간 사회에 이로울 것이라는 생각이 그 예이다. 이 예는 인간만이 내릴 수 있는 결단과 그에 따르는 책임의 영역을 상상적 어머니인 '자연'에 전가하고 있음을 보여준다. 그러나 그냥 내버려둔다면 자연은 위험으로 가득할 것이다. 물론 인간의 자연 이용 역시 커다란 위험을 가지고 있다. 그러나 인간은 실수로부터 배울 수 있다. 인간 외적 자연 과정은 학습 능력이 없다. 인간 사회 자체는 자연 발전 과정의 한 단계이다. 그러나 그것은 인류 공통의 경험과 개인적 경험의 결과, 즉 학습 과정의 산물로서 다른 동물들과는 다른 방식으로, 그리고 훨씬 더 큰 정도로 자신들의 행동과 감정을 변화시킬 수 있다는 점에서 이전의 어떤 단계와도 구분된다. 이 변화의 능력은 인간에게 매우 소중한 것이다. 그러나 인간이 가진 영생의 소망은 계속 인간을 오도하여, 인간 자신과 인간의 공동체적 삶의 발전, '자연', '사회', '인격'에 대한 통제 정도 및 양식의 변화보다 '자연'과 같이 불변하는 것으로 상상되는 불멸성의 상징에 더 큰 중요성을 부여하게 만든다. 이 글을 읽는 사람들은 이 연구가 촉구하는 가치 재평가에 대해 저항감을 느낄지도 모르겠다. 그것이 내가 지적한 첫번째 장애물이다.

내가 예로 들 두번째 장애물은 현실의 영역에서 사람들이 다른 이들과 더불어 장기적이고 비계획적이지만 특수한 구조와 방향을 가진 변화를 만들어낸다는 점, 그리고 그 과정은 통제 불가능한 자연적 과정과 마찬가지로 은연중에 그들을 이러저러한 방향으로 밀어붙이고 있음을 현시점에서 사람들이 인식하지 못한다는 점이다. 사람들은 이와 같은 비계획적 사회 과정 자체를 인식하지 못하고 그것을 어떻게 설명해야 할지 모르기 때문에 그것에 영향을 미치거나 통제를 가할 적절한 수단을 가지지 못하고 있다. 이 장벽의 존재를 보여주는 한 예는, 사람들을 거듭 전쟁으로 내모는 계획되지 않은 과정을 현 단계 사람들이 인식하지 못한다는 점이다.[1] 많은 국가들은 타인의 살해가 국민들에게 특별한 쾌락을 주지도 않고 전쟁에서 죽는 것이 특별히 영예롭지도 않은 문명화 단계에 도달해 있다. 그런데도 오늘날 사람들은 옛날 사람들이 홍수와 같은 통제 불가능한 위험이나 때로 많은 인명을 앗아간 치명적 전염병의 위험에 노출되었듯이, 전쟁이라는 위험에 무기력한 상태로 노출되어 있다.

나는 앞에서 인간 외적 자연과 이 인간적·사회적 과정의 관계를 '자연'과 '문화'의 대립이라는 측면에서 개념화하면서 '자연'에 압도적 우위를 부여하는 것에 대해 언급했다. 20세기 후반을 살아가는 사람들을 설득시켜 원초적 상태의 '자연'이란 인간의 필요에 잘 부합되는 것이 아님을 확신시키는 일이 그리 쉽지만은 않다. 원시림이 벌목되고, 늑대와 살쾡이, 독사, 전갈 등 간단히 말해 인간을 위협할 수 있는 모든 생명체가 사라졌을 때에야, 즉 '자연'이 길들여지고 근본적으로 인간에 의해 변화되고 난 뒤에야 자연은 도시에 사는 대부분의 사람들 눈에 자애롭고 아름다운 존재로 보이게 되었다. 현실에서 자연 과정은 자신의 갈 길을 가면서 인간에게 좋은 것과 나쁜 것, 건강의 즐거움과 질병의 고통을 맹목적으로 분배한다. 지금까지 필요할 때마다 무분별한 자연 과정을 통제하고 서로를 돕는 유일한 생명체는 인간뿐이었다.

의사는 그렇게 할 수 있다. 아니 적어도 그렇게 하려고 시도할 수 있다. 그러나 의사조차 환자에게는 자연적 과정이 전부라는 관념을 여전히 부분적으로는 가지고 있다. 어떤 경우 이것이 사실일 수도 있다. 그러나 그렇지 않은 경우도 있다. 여기서 경직된 사고는 아무런 도움이 되지 않는다. 중요한 것은 자연의 자애로운 측면과 해로운 측면을 억견에 치우침 없이 인식하는 것이다. 현재 의학 지식에 필적하는 것은 생물학 지식뿐이다. 그러나 미래에는 인간에 대한 지식, 인간 상호관계에 대한 지식, 인간들이 맺는 결속에 대한 지식, 나아가 서로에 대해 행사하는 압력과 강제에 대한 지식 역시 의학 지식의 일부를 구성하리라고 기대할 수 있다.

내가 여기서 논하는 문제들은 그러한 지식의 영역에 속한다. 삶의 사회적 측면, 즉 타인과의 관계가 노인과 죽어가는 사람에게 각별한 중요성을 가지는 것은 바로 맹목적이고 통제 불가능한 자연 과정이 그들에게 명백한 지배력을 행사하기 때문이다. 그러나 인간의 자연 과정 통제가 거의 한계에 도달했다는 사실은 의사들뿐 아니라 아마도 그 늙고 죽어가는 사람의 친지와 친구들에게 그 사람이 사회에 대해 요구하는 것과는 반대되는 태도를 취하게 하기도 한다. 사람들은 마치 그들이 할 수 있는 것은 아무것도 없다고 혼자 되뇌듯 어깨를 으쓱하고는 유감스럽게도 자기 길을 가버린다. 특히 의사는 자신의 일이 자연의 맹목적이고 파괴적인 힘을 통제하는 것인데도, 병들고 죽어가는 사람들 속에서 그 맹목적인 힘이 유기체의 정상적 자기통제를 철저히 파괴하면서 거침없이 그 유기체 자체를 파괴한다는 사실을 두려움 어린 시선으로 주시하는 듯하다.

물론 이러한 파괴의 과정을 평온하게 바라보기는 쉽지 않다. 그러나 이 상황에 처한 사람들은 다른 사람들을 더욱 더 필요로 할 것이다. 인간적 유대가 아직도 끊어지지 않았고, 몸은 비록 떠나가지만 자신들이 여전히 그 유대 안에서 의미를 가지고 있음을 보여주는 것이 그들에게는 특별한 의미를 가질 것이다. 왜냐하면 이제 그들은 허약하고 과거 자신의 모습을 희미하게만 간직하기 때문이다. 그러나 죽어가는 사람들 중 일부는 혼자 있는 것을 더 좋아할지도 모른다. 아마도 그들이 여전히 꿈을 꿀 수 있다면 방해받지 않기를 바랄 것이다. 사람들은 그들이 무엇을 필요로 하는지 알아야 한다. 우리 시대에 죽어가는 것은 점점 비공식적인 일이 되었지만, 확인해볼 수 있다면 죽어가는 개인이 필요로 하는 것은 훨씬 많아져 있을 터이다.

6

이 모든 점들로 미루어보건대 현재 죽어가는 사람과 죽음을 향한 태도는 바뀔 수 없는 불변의 것도, 또 우연적인 것도 아님을 분명히 알 수 있다. 그 태도는 사회 발전의 특수한 단계에 있는 특수한 구조의 사회들에서만 나타나는 특수한 것이다. 이전과 비교했을 때 이 사회의 부모들은 아이들에게 죽음과 죽어가는 것에 대해 말하기를 삼간다. 아이들은 시신을 한번도 보지 않은 채 자라난다. 예전에는 시신을 보는 일이 훨씬 더 일반적이었다. 이후 평균 수명이 연장되면서 죽음은 이전에 비해 젊은이들을 비롯한 살아 있는 사람 일반과 멀리 거리를 두고 떨어지게 되었다. 평균 기대 수명이 37~40세인 사회에서 죽음은 평균 수명이 거의 70세인 사회에서보다 훨씬 친숙했을 것이고, 젊은이들도 예외는 아니었다. 우리 사회의 젊은이들이 역사상 그 어느 때보다도 정상적으로 오래 살 수 있는 상황에 있기 때문에 핵전쟁의 공포가 더 심각한 것으로 다가온다는 말은 설득력이 있다. 20대의 한 기자가 나를 인터뷰하면서 그리 유쾌하지 않은 표정으로 내 책『죽어가는 자의 고독』에 대해 "도대체 무엇 때문에 그렇게 희한한 주제에 대해 쓰시게 되었나요?"라고 물었을 때 나는 그 사람의 표정에서 그런 사실을 분명하게 읽을 수 있었다.

이 모든 것들로 인해 그 어느 때보다 강력하게, 죽어가는 것과 죽음이 산 자의 시선 밖으로, 발전된 사회의 정상적인 삶의 배후로 밀려나는 사태가 발생한다. 오늘날처럼 조용하게, 위생적으로, 고독감을 조장하는 사회적 조건 속에서 죽게 되는 건 역사상 유례없는 일이다.

7

글레이저B. G. Glaser와 스트라우스A. L. Strauss는 그들의 유명한 저서 『죽음을 위한 시간*Time for Dying*』(1968)에서 자신들이 관찰한 바를 이렇게 기록하고 있다.

> 대부분의 환자에게는 가족이 있다. 임종을 앞둔 마지막 며칠 동안 죽어가는 사람의 곁에 가족이 있으면, 병원 의사들이나 간호사들에게 심각한 문제를 가져올 수 있으며 치료의 효율성을 떨어뜨릴 수도 있다.(151쪽)

이 간명한 진술은 죽음을 (일견) 합리적으로 제도화하는 것에—적어도 글레이저와 스트라우스가 우선적으로 언급했던 미국의 병원들에—해결되지 않은 중대한 문제가 있음을 보여준다. 죽어가는 사람은 최첨단의 과학적 진료를 받을 수 있다. 그러나 그 사람이 사랑했던 사람들, 곁에 있음으로써 무엇보다 큰 위안이 될 수 있는 사람들과의 접촉은 환자에 대한 합리적 치료와 병원 의료진의 일상이라는 차원에서는 종종 불편하게 생각된다. 따라서 이 접촉은 가능한 최소화되고 금지된다. 같은 맥락에서 글레이저와 스트라우스는 경제가 낙후한 어떤 지역에서는 전통적으로 가까운 친지들이 죽어가는 사람을 위로하고 돌본다고 지적한다. 그 친지들은 간호진이 다른 일을 할 수 있게 해준다. 또한 그들은 회복기의 환자를 일상적으로 돌보는 일도 맡는다. 따라서 의료

진은 그들이 옆에 있는 것에 익숙하다. 위로가 필요한 친지들이 서로에게 힘이 될 수도 있다. 글레이저와 스트라우스에 따르면, 이것은 보다 발전된 사회의 병원에서 의료진이 낙심한 친지들을 위로하는 데 상당 시간을 써야 하는 것과는 분명한 대조를 이룬다.

이 차이를 그림으로 본다면 더욱 생생하게 대비된다. 예전의 유형은, 가족들이 죽어가는 사람 주위에 모여 음식을 가져오고 약을 준비하고 환자를 닦고 씻기는데, 그들은 병실에 드나들면서 길거리의 먼지나 더러운 것을 그대로 묻혀오거나 씻지 않은 손으로 환자를 돌보기도 한다. 이로 인해 마지막 순간이 빨리 오기도 하는데, 왜냐하면 이 모든 것이 별로 위생적이지는 않기 때문이다. 그러나 가까운 사람이 옆에 있다는 것이 죽음을 늦출 수도 있다. 가족과 친구들이 돌보고 있다는 것—사랑의 마지막 증거이자 죽어가는 사람이 다른 이들에게 중요한 존재라는 마지막 신호—은 죽어가는 사람이 이 세상에서 마지막으로 느낄 수 있는 크나큰 기쁨이기 때문이다. 그것은 커다란 위안이다. 즉 자신이 사랑하고 애착을 가지며 곁에 있으면 마음이 훈훈해지는 사람들이 자신을 걱정하고 있다는 것은 커다란 위로가 된다. 사람들 간에 감정을 통한 상호 인정, 즉 둘 또는 그 이상의 사람들 간의 감정적 교호는 인간의 삶에 의미를 부여하고 삶의 충만감, 다시 말해 최후의 순간까지 이어지는 서로간의 정을 느끼게 해주는 데 핵심 역할을 한다.

이에 대해 환상을 가져서는 안 된다. 즉 상대적으로 덜 발전된 사회에서 가족은 따사로운 정이 흐르는 공간과는 전혀 상관없기도 했다. 남녀 간, 부모자식 간에 매우 큰 권력 불균형이 있었다. 가족 구성원들은 서로를 사랑하기도 하고 미워하기도 하고, 사랑하면서 미워하기도 했으리라. 서로 질투하고 경멸하기도 했다. 사회 발전의 이 단계, 특히 여성, 어머니가 가족의 정서적 통합의 중심을 형성하는 경우에 거의 찾아볼 수 없는 유일한 것이 있다. 즉 이 대가족의 틀에서는 중립적인 감정이란 존재하지 않았다. 죽어가는 사람에게 이것은 어느 정도 도움이 될 수 있었다. 죽어가는 사람은 자신에게 매우 친밀한 감정을 품은 사람들에 둘러싸여 공개적으로 세상을 떠났으며, 자신도 그 사람들에게 마찬가지 감정을 품었다. 그들은 비위생적으로 죽었지만 혼자는 아니었다. 현대적 병원이 제공하는 특별한 배려 속에서 죽어가는 사람은 최신의 생물·물리적 전문지식에 따라 간호를 받지만, 거기에는 어떠한 감정적 몰입도 존재하지 않는다. 환자는 철저한 고립 상태에서 죽을 수도 있다.

8

생명을 연장하는 기술적 완벽성이 오늘날 죽어가는 자의 고독을 만들어내는 유일한 요인은 아니다. 선진 사회에서는 내적 평정이 이루어지고 폭력에 대한 당혹감의 문턱은 더욱 높아졌다. 그 때문에 사람들은 대개 암묵적이지만 눈에 띄게 냉담한 태도로 죽어가는 사람을 대한다. 그렇게 하고 싶지 않더라도 어쩔 수 없는 반감이 산 자들의 태도에서 발견된다.

어떤 모습으로 나타나든 죽어가는 것은 폭력적인 행위이다. 한 인간의 갑작스런 혹은 점진적인 부패는 그것이 나쁜 사람들에 의해 가해진 것이든 맹목적인 자연 과정에 의한 것이든 궁극적으로 죽어가는 당사자에게는 별로 중요하지 않다. 따라서 사회 내부에서 폭력이 억제되는 수준이 높아졌다는 사실 역시 죽음에 대한 반감, 더 정확히는 죽어가는 사람에 대한 반감을 만들어내는 데 기여한다. 문명화 과정이 요구하는 높은 수준의 문명적 제약 역시 마찬가지다. 프로이트가 후두암으로 서서히 죽어갔던 예는 이 점을 극적으로 보여준다. 병이 깊어지면서 프로이트에게서는 심한 악취가 나기 시작했다. 그가 사랑했던 개조차도 곁에 오지 않았다. 안나 프로이트만이 죽어가는 아버지에 대해 변치 않는 사랑으로 이 최후의 나날 동안 그를 도왔고 프로이트는 자신이 버려졌다는 느낌을 받지 않을 수 있었다. 시몬 드 보부아르Simone de Beauvoir는 평생지기인 장폴 사르트르Jean-Paul Sartre의 마지막 몇 달에 대해 놀라울 정도로 세세히 술회했다. 사르트르는 소변을 가릴 수 없어 허리에 비닐봉지를 매달아 다녔고 그것이 넘칠 때도 있었다. 인간 유기체의 부패, 즉 우리가 죽어가는 것이라고 부르는 과정은 종종 악취를 풍길 수밖에 없다. 그러나 선진 사회는 사람들에게 냄새에 대한 고도의 민감성을 주입해놓았다.

이 모든 것은 선진 사회가 죽어가는 사람의 문제에 대처하는 데 실패했음을 보여주는 비근한 예이다. 내가 여기서 말한 것은 아직도 해결되지 않은 문제들을 아주 조금이나마 진단하기 위해서이다. 나는 이러한 진단이 더욱 발전되어야 한다고 생각한다. 우리는 이렇게 발전한 사회에서 죽음의 문제가 해결되어야 할 특별한 문제라는 사실을 대개의 경우 충분히 인식하지 못하고 있다.

주지하듯이 여기서 내가 제기한 문제는 의료 사회학적 문제이다. 오늘날 의료 조치들은 개인의 생리학적 기능의 각 측면—심장, 방광, 동맥 등—과 주로 관련된다. 그리고 이 측면에서 생명을 보존하고 연장하는 의료 기술은 미증유의 발전을 이루었다. 그러나 문제가 발생해서 기능이 쇠퇴하는 특정 기관이나 부위를 의료적으로 처치하는 데 집중하는 것은 이 모든 부분과 과정을 한데 통합하는 한 인간, 바로 그 사람을 위해 쓰일 때에만 진정 가치 있는 것이다. 그리고 각 부분적 과정의 문제들에 신경 쓰느라 사람, 그 통합적 개인의 문제가 망각된다면, 우리가 지금 하는 일이 과연 무슨 의미가 있는지를 되묻지 않을 수 없다. 오늘날 우리가 노화, 혹은 죽어가는 것이라고 부르는 인간의 부패는 의사를 비롯한 현시대의 인간들에게 수많은 (대개는 인식하지도 못하는) 과제를 제시한다. 여기서 내가 염두에 둔 과제는 각 개인이 다른 사람들과 별도로 자기 혼자뿐인 양 외로이 존재하는 것으로 간주되고 또 그렇게 취급된다면 절대로 해결되지 않는다. 한 인간이 타인과 맺는 관계가 병리적 징후의 발생과 질병의 진행 과정 양 측면 모두에 결정적 영향을 준다는 사실을 의사들이 얼마나 인식하고 있을지 의아스럽다. 내가 여기서 제기하는 문제는 죽어가는 사람과 다른 사람들과의 관계 문제이다. 주지하듯이 그것은 발전된 사회에서는 특수한 형식을 취한다. 왜냐하면 죽어가는 과정이 진행될수록 당사자는 정상적인 사회적 삶으로부터 점점 더 멀리 격리되기 때문이다. 이 고립의 결과, 이전 사회에서는 전통적·공적 제도와 환상에 의해 준비되던 노화와 죽음의 체험이 현 사회에서는 억압되어 희미해지는 경향이 있다. 죽어가는 자의 고독에 대해 생각하면서 우리는 선진 사회가 수많은 미해결 과제를 안고 있다는 점을 더 잘 알 수 있다.

의사들이 시간이 없다는 점도 안다. 그리고 의사들이 예전보다 훨씬 더 사람들과 의사의 관계에 관심을 기울인다는 점도 안다. 죽어가는 사람이 병원보다 집에서 죽기를 원한다면 어찌해야 하는가? 집에 있으면 더 빨리 죽을 수도 있다. 그러나 죽어가는 사람은 바로 그것을 원하는지도 모른다. 종종 사람 자체에 대한 배려는 뒷전으로 밀리고 장기에 대한 배려가 우선시되는 현실을 굳이 지적하는 것이 사족은 아닐 것이다.

주

죽어가는 자의 고독

1 라틴어로는 Morituri te salutant.

2 라틴어로는 Morituri moriturum salutant.

3 B. Deborah Frazier, 「가구로서의 관—지금 구입하세요Your Coffin as Furniture—For Now」, *International Herald Tribune*, Oct. 2. 1979.

4 Norbert Elias, 『문명화 과정*Über den Prozeß der Zivilisation*』, 1, 2권, Frankfurt am Main 1978, 특히 2권 312쪽 이하 참조.

5 Philippe Ariès, 『중세부터 현대까지 서구 죽음의 역사*Studien zur Geschichte des Todes im Abendland*』, München/Wien 1976, 25쪽.

6 William Roper, 『토머스 모어 경의 생애*The Life of Sir Thomas More*』, London, 1969.

7 Andrew Marvell, 「그의 수줍어하는 정부에게To His Coy Mistress」.

8 비공식화에 대해서는 다음을 참조. Cas Wouters, 「비공식화와 문명화 과정Informalisierung und der Prozeß der Zivilisation」, 『노르베르트 엘리아스의 문명화 이론에 대하여*Materialien zu Norbert Elias' Zivilisationstheorie*』, Peter Gleichmann, Johan Goudsblom und Hermann Korte(편), Frankfurt am Main 1979.

9 「묘지. 도시의 녹지Friedhof. Grüner Raum in der Stadt」. d. Zentralen Marketinggesellschaft der deutschen Agrarwirtschaft mbH, in Zusammenarbeit mit dem Zentralverband Gartenbau e.V. Bundesfachgruppe Friedhofsgärtner.

10 Andrew Marvell, 「그의 수줍어하는 정부에게」: "then worms shall try That long-preserv'd virginity, And your quaint honour turn to dust."

11 아리에스의 연구는 현대인의 불멸성 환상까지 포괄한 뛰어난 것이지만 나는 그가 그 변화의 구조를 적절히 다루지 못했다고 생각한다. 그의 연구에는 장기적 과정에 대한 이론 모델, 다시 말해 개별화 과정이라는 개념이 들어 있지 않다. 그는 현대인이 가지고 있는 불멸성의 환상에 대해 경멸조로 거의 혐오에 차서 서술하고 있으며, 죽음을 조용히 맞아들이는 전통적 태도라고 생각하는 것과 오늘날의 태도를 노골적으로 대비시킨다. 그는 현대인을 빗대고자 솔제니친의 『암병동』에서 한 구절을 인용한다. 거기에는 전통적 인간에 관해 이렇게 쓰여 있다. "그들은 반란을 일으키지도 저항하지도 않았고, 나만은 죽지 않을 것이라며 허풍을 떨지도 않았다." (Philippe Ariès, 같은 책, 25쪽) 현대인이 옛날 사람들보다 더 격렬히 저항하는지 여부에 대해서는 모르겠다. 내가 아는 사람들 중 불멸성의 환상을 가진 사람들은 대부분 그것이 환상임을 잘 알고 있다. 어쨌든 그의 구조 속에서는 문제가 비교적 간단하게 파악되고 있다. 옛날에는 개인의 불멸성을 보장하는 제도화된 집합적 환상이 우위를 점했고 제도화 과정과 집합적 믿음이 가진 무게로 인해 이 관념을 환상으로 인지하는 것이 불가능했다. 오늘날 이러한 집합적 불멸성의 표상이 가진 힘은 어느 정도 줄어들었고, 그에 따라 개별적 불멸성의 환상(가끔은 그것을 환상으로 인지하는 경우도 있다)이 전면에 부상하는 경향이 있다. 개인화 과정과 같은 개념 속에 표현되는 장기적 과정에 대한 이론적 모델은 도그마가 아니다. 이러한 이론적 모델을 사용하면 관찰 자료를 이론에 억지로 짜맞추려고 할 필요가 없고 또 그렇게 할 수도 없다. 이 모델들은 바뀔 수 있다. 이론을 대체하는 도그마는 융통성이 없다. 아리에스는 매우 뛰어나고 지적으로 풍부한 사람이지만 안타깝게도 이 점을 인식하지 못했다. 선입견적 도그마는 학자들의 눈을 멀게 해서 거의 명약관화하다고 할 수 있는 구조를 보지 못하게 할 수 있다는 점을 그가 깨닫기를 바란다. 고도로 제도화된 집합적 환상이 지배하던 시기와 개별적이고 어느 정도 사적이라 할 수 있는 불멸성의 환상이 강력하게 등장하는 시기 사이에는 중대한 구조적 변화가 존재한다.

12 『종교, 형상 그리고 언어*Religion, Bilder und Wörter*』, Hans-Dieter Bastian, Hana Rauschenberger, Dieter Stoodt und Klaus Wegenast(편), Düsseldorf 1974, 121쪽.

13 그러나 사람들이 죽음의 관념을 그렇게 멀리하지 않고 자신에게 좀더 가까운 것으로 생각한다면 이들 사회에서 교통사고 건수는 더 줄어들 것이다.

14 Martin Opitz,「세계의 시들Weltliche Poemata」, 1644, *Oden oder Gesänge XVIII.*

15 러시아 문학에서 나타나는 농부들의 평온한 죽음에 대한 아리에스의 언급을 보충하는 의미에서도 이 인용문은 흥미롭다. 이 구절은 아리에스에 의해선 무시되었지만 삶의 방식과 죽음의 방식 간에 뚜렷한 연관성이 있음을 보여준다.

부록

1 여기서 간단히 언급하자면, 국가 간 자유경쟁의 역학과『문명화 과정』 제2권에서 내가 '독점 기제'의 측면에서 논했던 기제들이 전쟁으로 몰아가는 데 결정적 역할을 한다.

노르베르트 엘리아스 연보

1897 6월 22일 브레슬라우(지금의 폴란드 브로츠와프)의 유대인 집안에서 태어난다.

1915~19 제1차 세계대전 때 입대하여 통신병으로 복무하다가 나중에 고향으로 돌아와 위생병으로 근무한다.

1917 브레슬라우 대학에서 철학과 의학을 공부하기 시작한다.

1919~20 의학 공부를 중단하고 박사학위를 목표로 철학에 매진한다. 하이델베르크 대학과 프라이부르크 대학에서 각각 한 학기씩 수학하고, 하이델베르크에서는 카를 야스퍼스의 강의를 듣는다.

1924 신칸트학파 철학자 리하르트 회니히스발트의 지도를 받아 박사학위 논문 「이념과 개인Idee und Individuum」을 발표한다.

1925 신칸트학파와 결별하고 하이델베르크 대학에서 사회학을 공부하기 시작한다. 막스 베버의 동생이자 저명한 경제·사회학자인 알프레트 베버 문하에서

교수자격청구 논문을 준비한다. 이곳에서 만난
사회학자 카를 만하임과 친구가 된다.

1930 프랑크푸르트 대학 사회학과 교수가 된 카를 만하임을 따라가 그의 조교로 있으면서 연구를 계속한다.

1933 만하임의 지도로 교수자격청구 논문 「궁정사람Der höfische Mensch」을 제출한다.(이 논문은 36년 뒤인 1969년 『궁정사회*Die höfische Gesellschaft*』로 출간된다.) 그러나 나치 집권으로 논문 심사는 중단되고 만하임의 사회학연구소도 문을 닫으며, 엘리아스는 파리로 도피한다. 여전히 브레슬라우에 살던 그의 아버지는 1940년 세상을 뜨고, 어머니는 아우슈비츠로 끌려가 1941년경 죽음을 맞는다.

1935 프랑스에서 다시 영국으로 망명한다. 유대인 망명자들을 위한 구호단체의 지원으로 주저 『문명화 과정*Über den Prozeß der Zivilisation*』의 집필에 착수한다.

1939 『문명화 과정』(1, 2권)이 스위스 바젤에서 출판된다. 불행히도 이 대작은 널리 알려지지 못하고 묻혀 있다가 30여 년이 지나서야 재평가된다. 런던경제대학London School of Economics에서 만하임과 재회하고, 그곳에서 상임연구조교가 된다.

1940 독일군이 영국 본토를 공습하기 시작하자 독일인이라는 이유로 8개월간 적성국 국민 수용소에 억류된다. 이 기간에 여러 정치 강연회를 열고 자신이 대본을 쓴 연극 〈가련한 야코프의 발라드〉를 공연한다.

1941 수용소에서 풀려나 케임브리지에 머물며
성인교육기관 '노동자교육협회'에서 강의하고,
나중에는 레스터 대학에서 사회학, 심리학, 경제사
등을 가르친다.

1945~ 케임브리지 시절, 지그프리트 폴케스에게서
집단심리치료사 훈련을 받는다.

1952 폴케스와 함께 집단분석협회를 창설하고
집단심리치료사로 활동한다.

1954 레스터 대학에 전임강사로 임용되고 정년퇴임 때까지
8년간 강의한다. 이곳에서 가르친 제자들로는 존
엘드리지, 앤서니 기든스, 고든 로렌스, 얼 후퍼 등이
있다.

1962 레스터 대학에서 정년퇴임한다.

1962~64 아프리카 가나 대학에서 사회학 교수로 재직한다.

1965 유럽으로 돌아와 네덜란드 암스테르담에 정착한다.
이후 독일을 중심으로 세계 여러 나라 대학에
방문교수로 초빙된다.

1969 1939년에 초판이 나온 『문명화 과정』이 독일에서
재출간된다. 1933년에 쓴 논문에 기초한 『궁정사회』
도 책으로 나온다. 『문명화 과정』의 재출간을 계기로
엘리아스는 일흔이 넘은 나이에 비로소 세계적
명성을 얻는다.

1970 『사회학이란 무엇인가?*Was ist Soziologie?*』 출간.

1977 '테오도어 아도르노 상' 수상.

1982 『죽어가는 자의 고독*Über die Einsamkeit der Sterbenden in unseren Tagen*』 출간.

1983 『사회참여와 거리두기*Engagement und Distanzierung*』 출간.

1985 『인간의 조건*Humana conditio*』 출간.

1987 '사회학 및 사회과학 부문 유럽 아말피 상'을 수상한다. '아도르노 상'과 '아말피 상'을 모두 받은 학자는 엘리아스가 처음이다. 같은 해 『개인의 사회*Die Gesellschaft der Individuen*』를 출간하고, 90회 생일을 맞아 시집 『인간의 운명*Los der Menschen*』을 펴낸다.

1990 8월 1일 암스테르담 자택에서 숨을 거둔다. 향년 93세.

해설

현대인의 죽음에 대한 태도와 문명화 과정

김수정

1 들어가면서

노르베르트 엘리아스의 『죽어가는 자의 고독』은 죽음에 대처하는 몇 가지 방법에 대한 기술로 시작한다. 먼저 지옥이나 천국과 같은 내세의 관념을 통해 죽음에 대한 신화, 정확히 말하면 죽음 이후 삶의 연속성에 대한 신화를 만드는 방법이 있다. 이것은 죽음에 대처하는 가장 오래되고 보편적인 방법이다. 두번째는 현대인의 죽음에 대한 태도에서 가장 흔하게 발견되는 것으로, 죽음을 가능한 한 멀리하면서 죽음에 대한 생각을 억압하거나 회피함으로써 타인의 죽음과 나를 분리시키고 자신의 불멸성에 대한 환상을 갖는 것이다. 죽음에 대처하는 세번째 방법은 죽음을 일종의 생물학적 사실로, 타인과 나 모두가 받아들여야 할 사실로 보면서 타인과 나의 죽음을 가능한 한 쉽고 편하게 만드는 방법에 대해 모색하는 것이다.

자못 단정적으로 보이는 엘리아스의 진술 속에서 우리는 죽음에 대한 태도의 역사적 유형을 발견할 수 있다. 『죽어가는 자의 고독』은 이러한 죽음에 대한 태도의 변천이 왜 발생했는가, 그렇다면 현재 우리가 놓인 지점은 어디인가를 탐구하는 책이다. 『죽어가는 자의 고독』에서 서술의 축으로 삼고 있는 이러한 죽음에 대한 유형론과 그 이행 기제를 이해하려면 1939년 출판된 엘리아스의 가장 대표적이고 포괄적인 저술 『문명화 과정』을 참조하는 것이 필수적이다.

엘리아스의 『문명화 과정』은 두 권으로 이루어졌는데, 1권의 부제는 '서구 세속 상류층의 행동 변화'이며, 2권의 부제는 '사회변동—문명 이론의 개요'이다. 엘리아스는 『문명화 과정』 1권에서 서구 문명의 자기 이해에 대한 반성과 비판을 수행한다. 그는 독일인의 '문화' 개념과 프랑스인의 '문명' 개념의 사회발생론sociogenesis을 제시하면서 개념 발생의 계급 역학이라고 할 수 있는 것을 설득력 있게 보여주며, 연구 영역을 중세까지 확장해 문명화된 예절의 발생 계보를 구성한다. 『죽어가는 자의 고독』은 이러한 이론적 · 역사적 관점의 연장선 위에서 서양 문명과 서구인의 죽음에 대한 태도를 긴 안목으로 조망하면서 깊이 통찰하는, 팔순이 넘은 한 위대한 이론가이자 사회학자의 면모를 십분 보여주는 저술이다.

2 중세의 죽음과 현대의 죽음

중세의 친숙하고 공공연했던 죽음에서 현대의 조용하고 청결하며 고독한 죽음으로의 이행은 어떤 사회적·심리적 기제에 의해 발생하게 되었는가? 『죽어가는 자의 고독』은 필리프 아리에스의 책『중세에서 현대까지 서구 죽음의 역사』로부터 영향받은 것으로 보인다. 아리에스가 침착하고 초연하며 순치된 중세의 죽음과 '난폭하고' '금지된' 현대의 죽음을 대비시키는 것에 대해 엘리아스는 만족하지 못했음이 분명하다. 엘리아스는 아리에스의 관점이 과거를 이상화하고 과거에 대한 향수에 젖은 것이며, '좋았던 과거'의 이름으로 현재를 단죄하는 일면적 관점이라고 본다.[1] 아리에스는 중세인의 죽음과 현대인의 죽음에 대해 분명한 이미지를 그려주지만, 둘 사이의 차이를 만들어낸 것이 무엇인지, 왜 그러한 변화가 발생했는지에 대해서는 답하고 있지 않다. 엘리아스는 어느 한쪽을 이상화하지 않고, 이러한 변화를 만들어낸 원인은 무엇이고 그런 변화의 방향은 어떤 축을 따라 움직이는가를 질문한다.

과거의 죽음은 사적이지 않고 공개적이었으며, 사회적 성격을 띠었다. 아이들은 죽음의 장면에 친숙했고 죽음의 의례와 죽음의 장소는 일상에서 멀지 않은 곳에 있었다. 그러나 엘리아스는 이 죽음이 친숙하고 가까운 죽음이기는 했지만, 결코 평온한 죽음은 아니었다는 단서를 단다. 즉 그 시대에 죽음을 둘러싼 태도는 교회가 조장한 지옥의 공포 탓에 환상과 공포로 점철되어 있어 결코 평온한 죽음은 아니었다는 것이다. 또 중세의 죽음은 통제할 수 없는 자연의 힘 앞에서 고통과 고뇌의 과정이었다. 전염병과 전쟁이 수시로 삶의 안

1. 이 책 19~24쪽 참조. 엘리아스는 중세 봉건국가에서의 죽음은 폭력적이고 불안정하며, 삽시간에 돌변하는 난폭한 것이었다는 점을 아리에스가 무시했다고 비판한다.

전성을 파괴했고, 지금과 비교했을 때 고통을 덜어줄 의학적 수단이 발달한 것도 아니었다. 그러나 이러한 비교 속에서 엘리아스가 오늘날의 죽음이 평온해졌다고 주장하는 것 같지는 않다. 물론 오늘날의 죽음은 죽음에 대한 지식의 탈신비화 과정으로 인해 지옥의 공포와 같은 죽음을 둘러싼 판타지가 더이상 지배력을 행사할 수 없게 되었다. 하지만 그렇다고 해서 죽음의 과정과 임종의 순간이 죽어가는 사람이나 남아 있는 사람 모두에게 좀더 쉽고 편한 것으로, 즉 평온한 죽음의 장면이 되었다는 것은 아니다. 현대인의 죽음에 대한 태도는 죽어가는 자에게는 외로움으로, 살아 있는 자에게는 낯섦과 당혹스러움으로 대별된다. 또 현대인의 죽음에서는 다른 사람들이 관여하는 정도도 현격히 줄었다. 즉 현대인의 죽음은 '외로운' 죽음이며, 죽어가는 자의 곁을 지켰던 사람들이 사라지고 죽음은 고립되고 말았다.

엘리아스가 작성한 이 문명의 대차대조표에서 특히 주목할 점은 현대의 죽음을 임종의 순간뿐 아니라 노화 과정에까지 확장시켰다는 점이다. 다시 말해 엘리아스는 죽음의 문제를 단지 생명 연속의 종착점인 마지막 순간을 둘러싼 태도와 의식으로 한정하지 않고 현대의 죽음의 특수성을 노화의 연장선에서 접근한다. 그에게 현대의 죽음은 노화와 밀착되어 있다. 즉 노인들이 사회적 관계로부터 서서히 격리되고, 다른 이들의 눈에 삶과 다른 어떤 것으로 보이기 시작하는 데서 죽음은 출발하는 것이다.

엘리아스는 이러한 죽음의 격리, 죽음 그리고 죽어가는 자에 대한 태도, 죽어가는 방식 자체의 변화가 문명화 과정에서 발생한 다른 모든 정서적 변화와 보조를 같이한다고 본다.(24쪽) 『문명화 과정』을 읽은 독자에게는 친숙하겠지만, 문명화 과정은 수치심과 당혹감의 수준을 높이는 외적 기제의 형성과 이것을 내면화한 자기통제적 자아의 형성 과정이다. 그러나 엘리아스가 누차 강조하는 것처럼 이 과정은 인격적·비인격적 주체에 의해 의도되거나 계획된 과정이 아니며, 예정된 결과로 나아가는 목적론적 과정도 아니다. 엘리아스가 이 과정을 설명하기 위해 도입하는 개념은 '인간 결합체'이다. 인간 결합체 개념은 구조나 체계와 같은 기존 개념보다는 훨씬 덜 물화된 개념으로서 사회집단들의 관계 역학을 강조하는 개념이라 할 수 있다.[2]

독특한 인간 결합체가 형성·변화·교체되는 파노라마 속에서 엘리아스가 결정적인 것으로 주목하는 지점은 절대주의 국가에 의한 폭력의 독점이다. 엘리아스는 절대주의 국가에 의한 사회 내적 폭력의 전일적 독점과 평정에 의해 개인의 인성과 감정에 중요한 변화가 발생했다고 보고, 이를 타인의 물리력에 의한 규제가 배면의 목소리에 의한 자기 규제적 방식으로 바뀌고 감정과 감각의 총체적이고도 세밀한 분화가 발생하게 된 결정적 계기로 설정한다. 물론 중세의 거대 궁정에서도 군주 앞에서 봉건적 궁정예절courtoisie의 형태가 존재했지만, 이러한 예절이 더 세분화되고 내면화되는 과정은 절대왕정의 권력 구조 아래에서였다. 엘리아스는 봉건적 궁정예절과 부르주아적 예절civilité 개념의 부침을 살피면서 이러

2. 인간 결합체 개념에 대해서는 노르베르트 엘리아스, 『사회학이란 무엇인가』, 최재현 옮김(나남, 1987) 참조.

한 예절의 격식은 '서구 사회의 세속 상류층'을 구성했던 궁정인과 부르주아 간 권력 균형의 변화에 따라 봉건적 예절에서 부르주아적 예절로 변화했다고 본다. 이 부르주아적 예절은 다시 '문명civilisation'이라는 새로운 개념으로 흡수되는데, 이로써 '궁중예절', '(부르주아적) 예절', '문명'은 각각 사회 발전의 세 단계를 나타낸다. '문명' 개념의 발전과 '문명화된' 행동 모델의 발전은 외적 강제에서 내적 자기통제로의 확실하고 보다 포괄적인 전환이자 중간계급이 문명화 과정의 단계에 진입했음을 의미하는 것이었다.[3]

그렇다면 19세기 이래 서구 사회의 자기 이해 방식에서 '문명'과 죽음은 어떠한 연관성을 갖는가? '수치심과 당혹감'의 세분화와 외연 확장은 죽음에 대한 태도에서 어떠한 변화를 가져왔는가? 문명이 죽음을 배제한다는 것은 다소 일반적인 견해라 할 수 있다. 그러나 어떻게, 그리고 왜 그럴까?

3 문명화된 죽음: 위생적인 죽음, '때 이른' 죽음

오늘날은 사정이 다르다. 역사상 그 어느 때보다도 죽음은 사회생활의 배후로 밀려났고 위생적으로 제거되었다. 역사상 어떤 선례도 찾아볼 수 없을 정도로 시체는 악취 없이 신속하게, 죽음의 병상에서 무

3. 노르베르트 엘리아스, 『문명화 과정 I』, 박미애 옮김(한길사, 1996), 240~246쪽.

덤으로 너무도 완벽하게 기술적으로 처리되기에 이르렀다.(31쪽)

문명은 죽음을 배제한다. 그것도 위생적이고 신속한 방식으로. 죽음이 배제되지 않은 적은 없었으리라. 죽음에 대한 배제의 역사는 인간이 죽음에 대한 지식을 가지게 된 바로 그 순간부터 시작되었을지 모른다. 다시 말해 개인의 삶의 유한성을 배제하고 은폐하는 것이 20세기의 특수한 현상은 아니다. 그러나 인간 의식 속에서 인간 존재의 유한성에 대한 은폐와 배제는 아주 오랜 옛날부터 있었지만, 은폐의 양식은 시간의 흐름에 따라 특정 방식으로 변화해왔다.

엘리아스는 이러한 배제에는 개인적 수준과 사회적 수준이 있다고 본다. 개인적 수준에서 배제는 어린 시절의 심리적 갈등과 그것을 둘러싼 죄의식에서 비롯된다. 이러한 불안은 성장하면서 기억 속에서는 지워지고, 간접적이고 위장된 방식으로만 감정과 행위에 영향을 미친다. 사회적 수준에서 배제는 문명화 과정의 전개 속에서 공동체와 개인에게 모두 위험스러운 것이었던 인간 생활의 동물적 측면이 사회적 규칙과 양심에 의해 포괄적이며 세분화된 방식으로 통제되면서 발생한다. 문명화 과정에서 인간 삶의 모든 동물적 측면은 수치심, 혐오감, 당혹감을 불러일으키고 공적 사회생활에 부적합한 것으로 여겨져 제거되어간다. 엘리아스는 죽음에 대한 개인적 배제의 수준과 사회적 배제의 수준 가운데, 현대사회에서 죽음에 대한 배제를 이전 사회의 것과 분리시키는 데 있어 더 중요한 지점은 후자라고 본다. 물론 개인적 배제의 수준이 사회적 배제의 수준과 분리되지는 않는다. 사회적 배제의 수준이 변화하고 그 수준이 달라진다면 그 속에서 태어나고 자라나는 개인들의 죽음에 대한 배제가 영향을 받지 않을 수는 없다. 엘리아스가 비중 있게 분석하는 지점은 바로 이 사회적 배제가 시대별로 어떻게 달라지는가, 그리고 그 발생 원인은 무엇인가이다.

현대인이 죽음에 대해 보이는 태도의 특수성은 자기 불멸성의 환상과 죽음에 대한 꺼림이다. 이 둘은 서로를 강화시키는 피드백 구조를 가지고 있다. 이러한 태도는 왜 발생했는가? 엘리아스에 따르면, 이러한 태도는 현대에 와서 죽음을 둘러싼 지식의 탈신비화가 본격화된 현상과 밀접한 연관이 있다. 과거의 집합적인 소망적 환상과 여기에 결부된 불안들은 많이 사라졌지만, 문명화의 현 단계에 처한 인간들에게서는 개별적 환상, 즉 자기 불멸성의 환상이 이 자리를 차지하게 된다.[4] 이 환상은 국가가 폭력을 효율적으로 독점하면서 삶의 안전성이 높아지고, 현대 의학의 발전에 힘입어 기대 수명이 연장된 것과 연관된다. 객관적으로 죽음과의 시간적 거리는 멀어지고, 또 죽음은 연기될 수 있게 되었다. 생명 연장을 둘러싼 현대 의학의 부푼 기대 또한 개인의 자기 불멸성의 환상을 더욱 부추기고 있다.

4. 이 지점에서 엘리아스는 프랑크푸르트학파나 크리스토퍼 래쉬처럼 현대인의 나르시시즘 문제를 직접 거론하면서 이를 병리적 현상으로 간주하지는 않으며, 자아의 약화라고 보지도 않는다. 물론 현대사회의 주요한 경향으로 '개인화individualization'를 들지만, 그것은 문명화 과정이라는 좀더 장기적인 틀 속에서 진행되는 하나의 지류로서 위치한다. '개인화 과정'에 대해서는 Elias, N., *The Society of Individuals*, Basil Blackwell, 1991, 120~151쪽 참조.

그러나 여기서 문명화 과정과 관련해서 보았을 때 더욱 문제가 되는 것은 현대인이 가지고 있는 죽음의 이미지다. 문명인에게 죽어간다는 것은 폭력적 행위로 보인다. 인간에 의한 것이 아니더라도 노화라는 자연적 부패의 과정은 죽어가는 자에게나 이를 바라보는 살아 있는 자 모두에게 폭력적이다. 현대인의 죽음에 대한 꺼림은 국가에 의한 폭력의 독점과 사회의 내적 평온화가 진척되어 폭력에 대한 민감성이 고도로 높아졌을 때 죽음과 결부된, 그리고 죽어가는 자의 모습 속에 녹아 있는 폭력의 이미지에 대한 조건반사 행위인 것이다. 또 현대인의 감각으로 볼 때 죽음은 더럽고 냄새나는 것이다. 프로이트는 후두암의 고통 속에서 말년을 보내야 했으며, 사르트르는 배설 호스를 몸에 달고 다녀야 했다. 현대인은 필시 프로이트의 죽음과 사르트르의 죽음을 냄새나는 죽음과 깨끗하지 못한 죽음이라는 위생 관념과 연결시킬 것이다. 죽어가는 과정은 분명 아름답지 않다. 그러나 현대인의 감각에 깊이 새겨진 청결, 위생 강박은 더욱더 죽음을 회피하게 만들고 격리시키게 된다. 엘리아스는 인간 삶의 모든 동물적 측면을 억압하여 사회생활의 뒷면으로 밀어넣는 문명화 과정이야말로 죽음을 인간의 삶에 남아 있는 동물적 측면이자 삶에 가해진 폭력으로 간주함으로써, 죽음이란 부끄럽고 당혹스러우며 잔혹한 것이라는 이미지가 생겨났다고 말한다.

『죽어가는 자의 고독』에서 엘리아스가 죽음의 위생화 과정을 기술할 때, 미셸 푸코Michel Foucault가 『임상의학의 탄생—의학적 시선의 고고학』에서 의학적 시선의 탄생 계보를 구성하는 것과 같은 방식으로 현대식 병원과 죽음의 격리, 위생화의 역사를 쓰고 있는 것 같지는 않다. 여기서 엘리아스의 관심은 그런 위생화 과정이 살아 있는 자의 권력을 키우는 방향으로 죽어가는 자와 노인을 격리시킨다는 점이다. 엘리아스가 죽음을 바라보는 관점은 철저하게 사회학적이다. 그는 죽음이 사망증명서와 묘지의 문제라기보다는 살아 있는 자와 죽어가는 자의 관계에서 발생하는 사회학적 문제임을 거듭 환기시킨다.

이와 관련해서 '현대적' 죽음의 또다른 특수성은 '때 이른' 죽음이다. 현대 의학이 인간의 기대 수명을 연장하는 기술 혁신을 이루어낸 후, 생명 연장의 꿈 속에 식이요법, 운동요법, 건강식품으로 가득한 현대의 '정상적' 삶 속에서 현대인의 '때 이른' 죽음이란 역설적이다. 엘리아스가 현대인의 죽음을 '때 이른' 죽음으로 규정하는 것은 우선 죽음을 단지 생물학적 과정이 아니라 사회학적 문제로 보기 때문이다. 현대에 와서 죽음은 임종의 순간과 장례와 묘지에 존재하는 것이 아니라 인간을 포함해 죽음의 흔적을 환기시키는 모든 것에 대한 꺼림과 회피 속에서 발생한다. 서구인이 자신의 과거 선조들의 행동에 대해 느끼는 당혹감과 수치심처럼 동시대 인간들에게서 발견되는 죽음의 흔적에 대해서도 비슷한 태도가 나타나는 것이다. 즉 '정상성에서의 일탈', '인간적인 것에서의 일탈'로 보이는 '동물적' 삶의 광경에 대한 혐오감과 수치심이 증가하고, 삶의 중요한 측면들이 사회생활에서 추방되어 '무대 뒤로' 감추어지면서 '침묵의 음모'가 증가하는 것이다. 살아 있는 자들이 문명화된 감각으로 휘두르는 암

묵적 권력이 인간 사회의 또다른 집단에 대한 사회적 억압을 조장·방조하는 것이다.[5]

4 문명화 과정과 죽음

중세의 무훈시인 베르트랑 드 보른Bertran de Born의 전쟁 찬가에는 타인의 고통에 대한 어떠한 동일시도 나타나지 않는다. "양 진영으로부터 들려오는 명령 '앞으로', 주인 잃은 말들의 울부짖음. '도와주시오, 도와주시오'라는 절규를 듣는 것보다, 도랑 옆 풀밭 위로 쓰러지는 전사자들을 보는 것보다, 깃발 달린 창끝에 찔려 죽은 자들을 보는 것보다 먹고, 마시고, 잠자는 것이 나에게 더 기분 좋은 것은 아니다."[6]

이러한 정서는 종교적 이단자나 정치적 반대파를 고문하고 화형시키며 그 속에서 기쁨을 찾던 중세의 정신세계에서는 자연스러운 것이었다. 그러나 이것은 문명화 과정에서 서서히 변화하는데, 우리 감각과는 여전히 멀지만 중세의 무훈시와 우리를 이어주는 중간 과정에 '고양이 대학살'을 위치

5. 이 점과 관련해서 엘리아스의 다음 언급 역시 의미심장하다. "오늘날 장례식과 묘지를 둘러싼 경건한 분위기, 위트와 웃음은 죽은 자에게 어울리지 않는다는 생각 때문에 묘지는 일상으로부터 완전히 격리된 공간이 된다. 이것은 죽어가는 사람과 거리를 두고 싶어하고 인간의 동물적 측면을 보여주는 이 당혹스러운 상황을 가능한 한 정상적 삶의 뒤편으로 밀어넣으려는 산 자의 무의식적 시도를 보여주는 징후이다."(40쪽)

6. 노르베르트 엘리아스, 『문명화 과정 I』, 박미애 옮김(한길사, 1996), 369쪽.

시킬 수 있다. 여기서 폭력과 쾌락의 관계는 간접적 만족, 즉 학살의 스펙터클을 즐기는 방향으로 변화한다. 16세기 파리, 세례 요한 축일의 고양이 대학살에서는 수많은 고양이가 불 속에서 타죽는 동안 군중들이 고양이 비명소리를 즐기고, 왕과 왕자는 장작더미에 불을 붙이는 '영광'을 가졌다. 이에 비해 현대인이 상대방을 동일시하는 정도는 증가했으며, 잔인성에 대한 민감도도 훨씬 더 높아졌다고 할 수 있다. 푸코의 『감시와 처벌』 첫 부분에 나오는 다미앙의 '화려한 처형식'은 더이상 현대인에게 즐거움을 주지 못한다.[7] 그렇다고 현대에 와서 사람들이 갑자기 인간성을 갖게 되었다거나 인간적이 되었다는 의미는 아니다. 물론 이것이 현대인의 자기 이해 방식이라 할지라도 말이다. 엘리아스는 이 '문명화'된 감수성이 국가의 폭력 독점과 사회의 내적 진정과 관련 있다고 본다. 그러나 만약 상황이 바뀌어 전쟁이 발생하거나 권위주의적 정부 또는 정치집단이 나타나 인간 상호간의 대립과 적

7. 푸코는 화려한 신체형에서 팬옵티콘적 감옥의 탄생으로 이어지는 변화가 권력의 비용을 줄이는 방식으로 전개되었다고 보는 것 같다. 즉 화려한 신체형은 길고 지루했으며, 보는 이에게 권력의 잔혹성을 보여주었다는 점에서 '효율적인' 방법은 아니었다고 본다. "지금까지 구경거리로서의 형벌에서는 막연한 공포가 처형대로부터 퍼져나가 사형집행인도 사형수도 모두 그 공포에 질려버렸다. 그 공포 때문에 한쪽에서는 수형자에게 부과되었던 치욕이 동정 내지 영광으로 역전될 여지가 언제나 있었으나, 다른 한쪽에서는 집행인의 합법적 폭력은 도리어 불명예스러운 것으로 변하고 말았다. 그러나 앞으로는 치욕과 빛나는 명예가 상이한 방식으로 분배될 것이다."[미셸 푸코, 『감시와 처벌』, 박홍규 옮김(강원대학교출판부, 1989), 27쪽] 엘리아스라면 잔혹성에 대한 그런 민감성, 문턱이 언제 어떤 과정에서 생겨났는지를 질문할 것이다.

의를 동원하기 시작한다면 어떻게 되는가? 이 지점에서 엘리아스는 '문명의 붕괴'라고 할 수 있는 양차 세계대전의 경험을 의식하고 있었음이 분명하다. 그는 "양차 세계대전의 경험과 그보다 더 강렬했던 강제수용소의 경험은 살상을 금지하고 죽어가는 자와 죽은 자를 가능한 한 정상적인 사회적 삶으로부터 격리시키려 했던 도덕의식이라는 것이 얼마나 허약한지를 보여준다"(58쪽)고 지적한다. 나 자신의 죽음뿐 아니라 타인의 죽음에 대해서도 억압하고 은폐하도록 하는 현대인의 자기통제 기제 아래에서, 국가 혹은 정치집단 같은 외적 강제 기제가 삽시간에 그 경로를 틀고 살상을 명한다면 어떻게 되는가? 엘리아스의 대답은 개인의 자기통제 기제는 허약하게 무너질 수밖에 없다는 것이다. 동물적이고 잔인한 것에 대해 수치심과 당혹감을 느끼고, 더럽고 불결한 것에 대해 위생 의식을 가지며, 스스로를 '인간적' 도덕의 소유자로 보는 서구인의 자아 인식이 특정한 권력 균형 아래에서 폭력을 독점하는 외적 강제 기제에 의해서만 가능하다고 보는 점에서, 엘리아스는 서구 현대성에 대해 가장 급진적 비판을 수행하는 셈이다. 그런 점에서 오늘날 서구인이 보이는 죽음에 대한 태도는 '문명'의 실패 지점이자 허약성을 잘 보여줄 수 있는 전략적 지점이다. 인간 존재의 유한성이라는 생물학적 사실을 가능한 한 은폐하면서 역사상 그 어떤 시기보다 죽음의 때 이른 격리를 만들어내고 죽어가는 자나 살아남아 죽음을 바라보는 자 모두를 당혹과 공포 속으로 밀어넣는 '문명'은 오만하기보다는 오히려 취약하다고 해야 할 것이다.

5 비공식화 과정: 성과 죽음

문명화 과정에서 사회적 삶의 뒤편으로 밀려난 대표적인 예가 성과 죽음이다. 인간 삶의 정상적인 구성요소 중에서도 성과 죽음은 동물적인 것과 가장 밀접하게 관련된다. 17세기 영국 시인 마벌은 「그의 수줍어하는 정부에게」에서 콧대 높고 깐깐한 여성을 향해 '오래 기다리지 않게 하라'는 경고로 다음과 같이 썼다.

무덤, 그 아름답고 은밀한 장소
그러나 그곳에서는 아무도 그대를 포옹하지 않으리
(30쪽)

성과 죽음에 대한 유쾌하리만치 솔직한 언급, 그리고 성과 죽음의 동시적 언급은 현대인에게는 낯선 것이다. 빅토리아 시대와 빌헬름 시대 문명화 과정의 심리적 유산을 이어받은 현대인에게 인간 생활에서 가장 동물적인 것에 가까운 영역이라 할 수 있는 성과 죽음은 사회적 검열의 대상이자 개인적 검열의 대상이기도 하다. 그러나 엘리아스는 20세기 들어 성의 영역에서는 죽음의 영역과는 구별되는 사회적 과정이 진행된다고 지적한다.

복잡한 사회 통제 구조로 에워싸인 또다른 사회적·생물학적 영역인 성적 관계의 영역에서도 최근 들어 눈에 띄게 뚜렷한 변화가 나타났다. 이 영역에서도

> 예전에 자명하고도 필수 불가결한 것으로 간주되었던 수많은 문명의 장벽들이 무너졌다. 옛날에는 절대 금기의 영역이었던 행동이 이제는 사회적으로 용인된다. 성 문제는 이제 어린이들과도 진솔하게 토론할 수 있을 정도로 공개적인 것이 되었다. 과거에 국가나 교회는 성적인 행위의 비밀성과 그것을 둘러싼 수많은 금기를 지배 수단으로 이용했다. 그러나 빅토리아 시대에는 상상조차 할 수 없었을 정도로 현재 성행위의 영역은 개방되었고, 일상적으로 말하고 행동할 수 있는 영역이 되었다.(48쪽)

엘리아스는 성의 영역에서 발생한 '관용'의 확장, 수치심과 당혹감의 저하가 1960~70년대 발생한 비공식화 과정의 결과라고 본다. 엘리아스의 문명화 이론을 성의 영역에 적용해 이러한 현상을 감정의 '통제된 탈통제화' 테제로 설명하는 카스 바우터르스Cas Wouters에 따르면, 비공식화 과정은 상향 이동하는 집단이 지배적 행위 코드를 위반하고, 그 결과 행위의 대안들이 증가하며, 이후 지배적 위치를 차지한 사람들도 방어적 태도를 버리고 그것을 받아들이는 과정이다.[8] 가장 두드러진 예는 1960년대 이후 부모와 자식, 남성과 여성의 관계에서 일어난 변화이다. 부모의 이름을 부르는 것이 자식들에게 '허용'되고 성에 대한 대화도 부모자식 간, 이성 간에 더욱 자유롭게 이루어졌다. 문명화 과정은 현대인에게 자

8. Wouters, C., 'Informalization and the Civilizing Process', *Human Figurations*, P. Gleichman, J. Gouldsblom, and H. Korte eds., Amsterdams Sociologisch Tijdschrift, 1977.

기통제와 절제를 심어줌으로써 공적 생활이나 사적 생활에서 강한 감정 표현을 꺼려하도록, 때로는 표현할 수 없도록 만들었지만, 성의 영역에서 표현은 더 자유로운 쪽으로 변화하고 있다. 일견 엘리아스의 문명화 이론의 반증으로 보이는 사례들에 대해서 바우터르스는 그것들을 문명화 과정의 하위 과정으로 설명하려면, 이러한 비공식화 과정은 1880년대 이후 사회 분화와 통합이 급증하고 상호의존의 권력 균형이 변화함으로써 계층 간의 행위 코드와 생활양식이 혼합되어 발생한 것으로 파악한다. 스완A. de Swann 역시 이러한 영역들에서의 인간관계는 이전에 비해 훨씬 덜 권위적으로, 즉 명령에 의한 관리 방식이 아니라 협상에 의한 조정으로 변화했다고 파악한다.[9]

그러나 20세기에 와서도 죽어가는 과정과 죽음은 아이들에게나 어른들에게나 비밀이다. 특히 아이들에게 죽음은 더욱 비공개적이고 비밀스러운 과정이다. 죽음, 묘지, 죽어가는 자, 썩어가는 시체에 대한 묘사는 어디에도 존재하지 않는 '사회적 지형도의 빈자리'이다. 엘리아스는 성의 영역에서 진행된 비공식화 과정과 비교할 때 죽음의 영역에서는 죽음을 가두고 고립시키고 숨기려는 경향이 더욱 증가했다고 판단한다.(50~51쪽) 그뿐 아니라 성의 영역에서 진행된 비공식화 과정은 죽음을 더욱 당혹스러운 것으로 만들어놓았다. 즉 성과 죽음의 영역에서 비공식화 과정의 차별적 전개는 죽음의 상황을 더욱 곤혹스러운 것으로 보게 만들었다. 비공식

9. de Swann, A., *The Management of Normality*, Routledge, 1990, 150~161쪽.

화 과정의 전개를 통해 전통적 의례의 진솔성이 의심되고 형식적 언어 표현들이 허식적이고 적절하지 못한 것으로 느껴지면서, 살아 있는 사람은 할 말을 찾지 못하고 죽어가는 사람은 더욱더 고립된다.

엘리아스가 환경에 대한 개인적 성찰의 행위 변화 가능성에 큰 기대를 거는 것은 아니지만, 그는 적어도 두 가지 점에서 죽음에 대한 사회적 태도 변화가 있어야 한다고 본다. 먼저 아이들이 가지는 죽음을 둘러싼 위험한 환상들에 대해서, 어른들이 인간 존재의 유한성이라는 생물학적 사실을 이야기할 수 있어야 한다는 것이고, 둘째 죽어가는 자에게는 위생적 환경보다 정서적 배려가 더욱 필요하다는 것이다. 엘리아스의 이러한 진술은 사회적 사실이라기보다는 일종의 이상으로서 비공식화 과정의 필요성을 언급하는 것으로 보인다. 다시 말해 죽음에 대한 비공식화 과정이 사회적으로 필요함을 당위의 영역에서 역설한다고 볼 수 있다.

6 글을 마치며

『죽어가는 자의 고독』은 문명과 자기통제, 문명과 동일시, 문명과 억압 등이 죽음을 테마로 복잡하게 구조화되어 있는 책이다. 대표적인 엘리아스 연구자인 스티븐 메넬은 『죽어가는 자의 고독』이 『문명화 과정』 1권과 밀접한 연관이 있으며 그것의 확장이라고 지적했다.[10] 하지만 『죽어가는 자의 고독』

10. Mennell, S., *Norbert Elias: Civilization and the Human Self-Image*, Basil Blackwell, 1989, 51쪽.

은 『문명화 과정』 전체, 특히 2권에서 전개된 물리적 폭력 독점의 역사와 개인의 심리적 구조 변화라는 엘리아스의 이론적 사고와 더욱 밀착되어 있으며, 그것을 죽음이라는 주제 속에 구체적으로 적용하고 있다고 볼 수 있다. 엘리아스의 문명화 과정론과 그에 관련된 분석적 사고는 한동안 낯선 것이었다. 이는 엘리아스의 이론이 서구에서도 뒤늦게 발굴되어 각광받았고, 엘리아스에 대한 연구가 본격적으로 진행된 것이 1970년대 말 이후라는 사실과도 무관하지 않다.

1984년 네덜란드의 한 신문은 "노르베르트 엘리아스는 처음부터 늙어 있었던 것처럼 보인다"라고 했다.[11] 그도 그럴 것이 1970년대 와서야 프랑스 아날학파에 의해 그의 학문 활동이 조명받았고, 1939년 저작 『문명화 과정』도 30년이 지나 재출간되며, 그 자신은 1977년에 비로소 조국 독일에서 아도르노 상을 수상했기 때문이다. 당시 엘리아스의 나이는 이미 여든이었다.

엘리아스는 개인적으로 결코 행복하다거나 원만하다고 할 수 없는 인생을 살았던 학자였다. 20세기의 양차 대전을 독일계 유대인으로서 경험해야 했고, 독일을 떠나 망명한 영국에서는 국외자로 살아야 했으며, 육순이 가까울 때까지도 학계에서 아웃사이더로 있어야 했다. 그 파란만장한 인생을 겪었던 한 인간이 20세기의 끝이 바라보이는 시점에서, 그리고 자기 삶의 마감을 준비하는 시점에서 죽음에 대해 초연하고 침착하게, 서구인의 죽음에 대한 태도와 연관된 문명의 공과를 차분히 따져보았다는 것은 놀랄 만한 일이다.

11. Mennell, S., 같은 책, 3쪽.

엘리아스는 예절, 스포츠, 폭력, 성, 그리고 죽음에 이르는 폭넓은 주제를 연구했다. 그리고 그의 저술은 로마 제국과 절대주의 왕정, 중세 기사단에서 아프리카 사회, 고대 수메르인의 도시국가에까지 뻗쳐 있다.[12] 그러나 엘리아스가 기이한 풍속과 과거의 관습을 들추어내면서 호기심을 자극하고, 때로는 현대에 대한 낯선 풍자를 즐기는 것은 아니다. 엘리아스의 모든 저술은 현대의 사회학이 '현재의 사회학'으로 후퇴한 데 대한 총체적 비판이자 패러다임 대결이다. 이런 점에서 엘리아스는 그 역사적 깊이와 이론의 방대함으로 볼 때 '고전 사회학자'의 반열에 오를 만하다.

테오도어 아도르노Theodor Adorno와 막스 호르크하이머Max Horkheimer는『계몽의 변증법』에서 "유럽의 알려진 역사 밑으로 흐르는 '지하의 역사'"를 구성하면서 "문명의 야만으로의 퇴행"을 밝히고자 했다. 이에 비해 엘리아스는 문명 비판을 철학적·추상적 수준으로 끌어올리지 않으면서 문명에 대한 어떤 가치판단적 진술도 이론 내적으로 배제한다. 부드럽고 평화로운 '사회'의 가능 조건이 철저히 폭력의 독점이라는 정치적 과정에 달려 있으며, 현대사회의 자아가 불안정한 권력 균형 속에서 언제라도 파국의 위험 앞에 노출되어 있다는 점을 역사적 이론 구성을 통해 보여준다는 점에서, 엘리아스의 문명화 과정론은 근대성 비판의 또다른 길을 열어준다고 할 것이다.

12. 엘리아스의 사회학에 대한 포괄적인 소개로는 Goudsblom, J., 'The Sociology of Norbert Elias', *Theory, Culture and Society*, 4권 2~3호, 1987 참조.

찾아보기

죽어가는 자의 고독

초판 발행 ¦ 1998년 5월 7일
개정판 1쇄 ¦ 2012년 12월 10일
개정판 4쇄 ¦ 2018년 6월 21일

지은이 ¦ 노르베르트 엘리아스
옮긴이 ¦ 김수정
펴낸이 ¦ 염현숙

책임편집 ¦ 김영옥
편집 ¦ 송지선 허정은 고원효
모니터링 ¦ 이희연
디자인 ¦ 슬기와 민
저작권 ¦ 한문숙 김지영
마케팅 ¦ 정민호 이숙재 정현민 김도윤 안남영
홍보 ¦ 김희숙 김상만 이천희
제작 ¦ 강신은 김동욱 임현식
제작처 ¦ 영신사(인쇄) 경일제책(제본)

펴낸곳 ¦ (주)문학동네
출판등록 ¦ 1993년 10월 22일 제406-2003-000045호
주소 ¦ 10881 경기도 파주시 회동길 210
전자우편 ¦ editor@munhak.com
대표전화 ¦ 031-955-8888
팩스 ¦ 031-955-8855
문의전화 ¦ 031-955-3578(마케팅) | 031-955-1905(편집)
문학동네 카페 ¦ http://cafe.naver.com/mhdn

ISBN 978-89-546-1982-0 93300

이 도서의 국립중앙도서관
출판시도서목록(CIP)은
서지정보유통지원시스템 홈페이지
(http://seoji.nl.go.kr)와
국가자료공동목록시스템
(http://www.nl.go.kr/kolisnet)에서
이용하실 수 있습니다.
(CIP 제어번호: CIP2012005374)

www.munhak.com

문학동네

인문 라이브러리

세상은 언제나 인문의 시대였다.

삶이 고된 시대에 인문 정신이 수면 위로 떠올랐을 뿐.

'문학동네 인문 라이브러리'는 인문 정신이 켜켜이 쌓인 사유의 서고書庫다.

오늘의 삶과 어제의 사유를 잇는 상상의 고리이자

동시대를 이끄는 지성의 집합소다.

살아 움직이는 유기체적 지식을 지향하고, 앎과 실천이 일치하는

건강한 지성 윤리를 추구한다.

1 ¦ **증여의 수수께끼** | 모리스 고들리에 ¦ 지음 | 오창현 ¦ 옮김

2 ¦ **진리와 방법 1** | 한스게오르크 가다머 ¦ 지음 | 이길우 외 ¦ 옮김

3 ¦ **진리와 방법 2** | 한스게오르크 가다머 ¦ 지음 | 임홍배 ¦ 옮김

4 ¦ **역사—끝에서 두번째 세계** | 지그프리트 크라카우어 ¦ 지음 | 김정아 ¦ 옮김

5 ¦ **죽어가는 자의 고독** | 노르베르트 엘리아스 ¦ 지음 | 김수정 ¦ 옮김

6 ¦ **루됭의 마귀들림** | 미셸 드 세르토 ¦ 지음 | 이충민 ¦ 옮김

7 ¦ **저자로서의 인류학자** | 클리퍼드 기어츠 ¦ 지음 | 김병화 ¦ 옮김

8 ¦ **검은 피부, 하얀 가면** | 프란츠 파농 ¦ 지음 | 노서경 ¦ 옮김

9 ¦ **전사자 숭배—국가라는 종교의 희생제물** | 조지 L. 모스 ¦ 지음 | 오윤성 ¦ 옮김

10 ¦ **어리석음** | 아비탈 로넬 ¦ 지음 | 강우성 ¦ 옮김

11 ¦ **기록시스템 1800·1900** | 프리드리히 키틀러 ¦ 지음 | 윤원화 ¦ 옮김

12 ¦ **비판철학의 비판** | 리쩌허우 ¦ 지음 | 피경훈 ¦ 옮김

13 ¦ **부족의 시대** | 미셸 마페졸리 ¦ 지음 | 박정호·신지은 ¦ 옮김

14 ¦ **인간성 수업** | 마사 C. 누스바움 ¦ 지음 | 정영목 ¦ 옮김

15 ¦ **자유의 발명 1700~1789/이성의 상징 1789** | 장 스타로뱅스키 ¦ 지음 | 이충훈 ¦ 옮